DON BOSCO

Cordula Pertler
Eva Reuys

Die 7 schönsten Feste im Kindergarten

Erntedank, St. Martin, Nikolaus, Advent,
Fasching, Ostern, Muttertag

Das Beste aus »Feste feiern mit Kindern«

DON BOSCO

Gerne nehmen wir Ihre Anregungen, Wünsche, Kritik oder Fragen entgegen:
Don Bosco Medien GmbH, Sieboldstr. 11, 81669 München
anregungen@donbosco-medien.de
Servicetelefon: (0 89) 4 80 08-341

Bibliografische Information der Deutschen Nationalbibliothek

Die Deutsche Nationalbibliothek verzeichnet diese Publikation in der Deutschen Nationalbibliografie; detaillierte bibliografische Daten sind im Internet über http://dnb.d-nb.de abrufbar.

3. Auflage 2016 / ISBN 978-3-7698-1791-1

www.donbosco-medien.de
Umschlag und Illustrationen: ReclameBüro, München
Notensatz: Nikolaus Veeser, Schallstadt
Satz: undercover, Aletshausen-Winzer
Druck: BoD, Books on Demand, Norderstedt

Gedruckt auf umweltfreundlichem Papier.

Inhalt

ERNTEDANK

Einleitung

Vom Opferfest zum Erntedankfest

Seitdem die Menschen Ackerbau betreiben, sorgen sie sich um das Wachsen und Reifen der Früchte und freuen sich über eine gute Ernte. So dankten mit kultischen Opferfesten die Germanen ihrem Gott Wotan, die Römer der Göttin Ceres und die Griechen der Göttin Demeter für die Früchte des Feldes. Die Menschen überließen ihrem Gott einen Teil der eingebrachten Ernte und wollten so den Erntesegen für das kommende Jahr erbitten. Auch in der Bibel wird von Kain berichtet, der dem Herrn ein Opfer von den Früchten des Feldes darbrachte und von Abel, der die Erstlinge seiner Herde opferte.

Aus den Opferfesten wurden durch das Christentum Erntedankfeste. In der katholischen Kirche gibt es seit dem 3. Jahrhundert Belege für ein Erntedankfest. Da je nach Klimazone der Zeitpunkt der Ernte unterschiedlich ausfällt, gibt es keinen weltweit verbreiteten einheitlichen Festtermin.

Im deutschsprachigen Raum werden Erntefeste gegen Ende September bis Mitte Oktober abgehalten. Meist wird für das Fest der erste Sonntag nach Michaelis; also der erste Sonntag im Oktober gewählt. An diesem Tag bringen die Gläubigen die Früchte des Gartens und des Feldes mit in die Kirche, damit sie der Priester segnen kann. Die schönsten Früchte werden ausgewählt und vor dem Altar aufgebaut. Mancherorts wird auch eine Erntekrone gebunden und mit bunten Bändern geschmückt oder ein riesiger Ernteteppich aus Früchten gestaltet.

Früher waren die Menschen viel direkter abhängig von der Natur, als wir es heute sind. Bei schlechter Ernte waren die Vorräte knapp und keiner in der Familie konnte sich satt essen. Das Obst, Gemüse und Korn musste für den gesamten Winter reichen. So wurde aus Äpfeln und Pflaumen Marmelade gekocht, Gemüse in Einmachgläsern haltbar gemacht, Korn gemahlen und zu Brotteig verarbeitet. Selbst altes Brot war kostbar. Es wurde nicht weggeworfen, sondern diente als Einlage in der Suppe. Brotkrümel waren ein willkommenes Futter für das Federvieh. Die Menschen waren dankbar für gutes Wetter, reiches Wachstum und dafür, dass sie genug zu essen hatten.

Festgestaltung

Setzen Sie mit dem Erntedankfest in Ihrer Kita den ersten Höhepunkt im neuen Kindergartenjahr, auf den dann das Thema »Herbst« folgt. Wählen Sie jedes Jahr einen anderen Schwerpunkt, einmal stellen Sie mehr das Obst, ein andermal Gemüse oder Getreide in den Vordergrund. Innerhalb dieser Schwerpunkte ließen sich auch wieder einzelne

Ernteprodukte hervorheben. Beispielsweise wird in einem Jahr die Kartoffel zum Hauptthema, ein andermal der Apfel, die Kastanie, der Kürbis, die Sonnenblume oder Getreide und Brot, um nur einige zu nennen. Jede Gruppe sollte für sich entscheiden und dabei vor allem die Wünsche und Interessen der Kinder berücksichtigen.

Erntedank ist das erste religiöse und soziale Fest im Jahresfestkreis einer Kita. Deshalb laden Sie auch die Eltern ein, schaffen Sie eine gute Gelegenheit, die neuen in die Kita-Gemeinschaft zu integrieren. Auch bietet das Erntedankfest eine Möglichkeit, die Kinder und Eltern anderer Religionen zu integrieren. Ein Fest, bei dem Gott für eine fruchtbare Ernte gedankt wird, gibt es in allen Religionen. Zum Zeitpunkt unseres Erntedankfestes wird das türkische Fest Kurban Bayrami, ebenfalls ein Dankesfest an Gott, gefeiert.

Wird das Fest in der Kirche mit einem Gottesdienst gefeiert, muss respektiert werden, wenn nichtchristliche Kinder deshalb nur am Brauchtum teilhaben.

▶ Die drei Hauptelemente einer Erntedankfeier

- Ein meditativer Teil, z. B. mit einer Apfelmeditation oder dem Legen von Mandalas mit Erntefrüchten, damit den Kindern noch einmal der Sinn des Festes bewusst wird.
- Spiel, Tanz und Gesang verbindet die Gruppe, lässt die Emotionen höher steigen und darf als Festelement keinesfalls fehlen. Wie wäre es mit einem Obst- und Gemüsetheater (S. 20), mit dem Spiel Apfelangeln und einem Umzug durchs Haus, Erntelieder singend?
- Das Festessen in gemütlicher ungezwungener Atmosphäre, wozu Erntefrüchte zubereitet, sowie Brot und Herbstblätter-Plätzchen von den Kindern gebacken wurden.

▶ Erntedankfeier in der Kirche

Im Team ist zu diskutieren, ob die Feier in den jeweiligen Gruppen stattfindet und zuvor ein Kindergottesdienst gemeinsam mit dem Pfarrer, den Eltern und Geschwistern gefeiert wird. Oder schließt sich die Kita der Pfarrgemeinde am offiziellen Erntedank-Sonntag an? In christlichen Kindertagesstätten beteiligen sich Kinder und Erzieher traditionsgemäß an der Vorbereitung und Gestaltung der Erntedankfeier in der Kirche. Mit Eifer studieren sie Erntedanklieder und Gedichte ein, binden bunte Erntesträuße oder gestalten gemeinsam ein Mandala mit den Früchten des Feldes und Gartens in der Kirche. Die Eltern sorgen für die Erntegaben zum Gottesdienst und engagieren sich beim Schmücken der Handwägelchen und Körbe. Voran ziehen Kinder mit dem Erntewagen, auf dem die Erntekrone steht, in die Kirche ein. Weitere Kinder folgen mit ihren Körben, die gefüllt sind mit allem, was die Erde hervorbrachte. »Blumenkinder« schließen sich dem Zug an, gefolgt von Kindern, die einen Erntestab tragen, den sie am Altar in großen Vasen abstellen. Begleitet wird der Festzug von der örtlichen Musikkapelle. Der feierliche Gottesdienst wird gefeiert. Die Kinder singen an entsprechender Stelle ihre Lieder und sagen ihre Dankesworte auf. Am Schluss segnet der Pfarrer die Gaben und die von den Kindern selbst gebackenen Brötchen.

▶ Erntedankfest im Garten

Wenn das Wetter es zulässt, könnte man das Fest in den herbstlichen Garten verlegen, mit einem Gottesdienst im Freien oder einer meditativen Aktion. Anschließend legt man die weiteren Hauptelemente (s. oben) fest, die zum Gelingen eines Erntedankfestes beitragen.

Mit Hilfe der Eltern ließe sich ein herrliches Apfel-, Brot- oder Kartoffelfest gestalten. In verschiedenen Stationen im Garten gibt es lustige Spiele zum Thema: Kartoffelsackhüpfen, Staffellauf mit Kartoffeln oder Äpfeln, Apfelringeschnappen, Zielwerfen mit Äpfeln oder Kartoffeln aus Pappmachee. Zur Abwechslung kann man Ketten aus Naturmaterial fädeln, über einen Sinnespfad laufen, der mit verschiedenen Naturmaterialien des Herbstes gelegt wurde, um nur einige Beispiele zu nennen. Eine Apfelkönigin (verkleidete Mutter oder Erzieherin) verteilt an alle Gäste kleine rote, polierte Äpfel zum Naschen. Für die Eltern bietet sich Wettschälen von Kartoffeln oder Äpfeln an. Aus den Kartoffeln werden anschließend kleine Reibekuchen gebacken, aus den Äpfeln dazu das Apfelmus gekocht. Im Mittelpunkt steht ein Feuerplatz. (Als Feuerstelle gibt es einen Feuerkorb aus Eisen.) Hier werden dem Thema entsprechend die Speisen zubereitet. Entweder gibt es Folienkartoffeln, Stockbrote oder Bratäpfel aus der Glut des Erntefeuers. Heißer Apfelsaft und Wein für die Eltern ergänzen die Leckereien. Ein Tanz um das Feuer und das Singen von Ernteliedern verbinden die Feiergemeinschaft.

▶ Zur Feier in den Kita-Räumen

Holen Sie den Herbst ins Haus und dekorieren Sie mit Getreide, das Sie bei einem Ausflug mit den Kindern von umliegenden Feldern holten und mit Gemüse, vielleicht von den eigenen Beeten der Kita. Obst durften die Kinder in einem Obstgarten selbst pflücken, Kastanien und Blätter sammelten alle gemeinsam bei einem Herbstspaziergang und Blumen bekommen sie sicher von freundlichen Nachbarn geschenkt. Jedes Kind könnte von zu Hause ein Obst- oder Gemüseteil mitbringen. In Kleingruppen kann man auch auf den Markt oder in ein Geschäft gehen und einkaufen. Zum Mittelpunkt in der Halle wird der Gabentisch auch noch mit einer Erntekrone geschmückt und vielleicht ergänzt mit Arcimboldos Gemälde »Vertumnus«, das mit den Kindern thematisiert wird.

Am Spätnachmittag, wenn die Dämmerung sich neigt, strahlen uns beleuchtete Kürbisse entgegen. Für die Festtafel eignet sich eine Girlande aus Getreide oder aus Obst. Es können auch Kastanien oder Nüsse auf Blätter dekoriert werden, ebenso kunstvoll gebastelte Kastanienmännchen. Festlichen Glanz schaffen Schwimmkerzen in Nussschalen, Windlichter mit Blättern beklebt oder kleine erleuchtete Zierkürbisse. Der Rahmen und die richtige Atmosphäre sind geschaffen, nun stellen Sie, wie oben empfohlen, das Programm nach den drei Hauptelementen jeder Feier zusammen. Berücksichtigen Sie dabei die Wünsche und Bedürfnisse der Kinder. Setzt jeder im Team seine Fähigkeiten gezielt ein, ist der Erfolg garantiert.

Ein Korb voller Gesprächsanlässe und Aktionen

Das Rübchen will nicht heraus – eine Reihengeschichte

Großvater hat ein Rübchen gepflanzt und sagt zu ihm: »Wachse mein Rübchen, wachse, werde groß, dick und süß!« Das Rübchen wächst und wächst und wird eines Tages groß, dick und süß. Der Großvater will es herausziehen. Er packt das Rübchen am Schopf, er zieht und zieht, aber er kann es nicht herausziehen. »Großmutter, hilf mir!«, ruft der Großvater. »Ich kann das Rübchen nicht herausziehen!«
Da hält sich die Großmutter beim Großvater fest und beide ziehen am Rübchen jetzt, aber sie können es nicht herausziehen.
»Enkel, komm und hilf uns!«, ruft die Großmutter. »Wir können das Rübchen nicht herausziehen!«
Da hält sich der Enkel bei der Großmutter fest, die Großmutter hält sich beim Großvater fest, und alle drei ziehen am Rübchen jetzt. Aber sie können es nicht herausziehen!
»Hündchen, komm und hilf uns!«, ruft das Enkelkind. »Wir können das Rübchen nicht herausziehen!«
Da hält sich das Hündchen beim Enkel fest, der Enkel hält sich bei der Großmutter fest, die Großmutter hält sich beim Großvater fest und alle vier ziehen am Rübchen jetzt. Aber sie können es nicht herausziehen!
»Kätzchen, komm und hilf uns!«, ruft das Hündchen. »Wir können das Rübchen nicht herausziehen!«
Da hält sich das Kätzchen am Hündchen fest, das Hündchen hält sich beim Enkel fest, der Enkel hält sich bei der Großmutter fest, die Großmutter hält sich beim Großvater fest, und alle fünf ziehen am Rübchen jetzt. Aber sie können es nicht herausziehen!
»Mäuslein, komm und hilf uns!«, ruft das Kätzchen. »Wir können das Rübchen nicht herausziehen!«
Da hält sich das Mäuslein am Kätzchen fest, das Kätzchen hält sich am Hündchen fest, das Hündchen hält sich am Enkelkind fest, das Enkelkind hält sich an der Großmutter fest, die Großmutter hält sich am Großvater fest, und alle sechs ziehen am Rübchen jetzt.
Sie ziehen und ziehen – schwupps, ist das Rübchen heraus und das Märchen ist aus.

Spielanregung

Dieses Märchen spricht mit seinen Wiederholungen schon die Jüngsten an. Gerne wird es im Rollenspiel nachgeahmt. Besonders reizvoll ist das Spiel mit Handpuppen. Was sich nicht im Bestand des Kindergartens findet, bringen die Kinder von zu Hause mit. Sollte das eine oder andere Tier fehlen, kann mit wenig Aufwand eine Sockenpuppe hergestellt werden. Für die Rübe fertigen Sie eine Schablone an und übertragen diese auf weißen Filz. Die Rübenform wird zweifach ausgeschnitten. Sie wird so zusammen genäht, dass oben eine Öffnung bleibt, in die das Füllmaterial gegeben wird. Bevor Sie die Öffnung schließen, schneiden Sie noch ein paar Blätter aus grünem Filz aus, stecken diese in die offene Stelle und nähen sie mit fest.

Herbsträtsel

Wer ist so klug, wer ist so schlau,
dem schüttel ich was vom Bäumchen;
ist innen gelb und außen blau,
hat mitten drin ein Steinchen.
(Pflaume)

Im Häuschen mit fünf Stübchen,
da wohnen braune Bübchen;
nicht Tür noch Tor führt ein und aus,
wer sie besucht, verzehrt das Haus.
(Apfel)

Dort auf dem Wege liegt
etwas, 's ist rund und
glänzend braun. Vorher war's grün
und hing ganz fest
an unserm dicken Baum.
(Kastanie)

Viele runde Häuschen,
die sind an meinem Strauch.
Was drinnen ist, mein Mäuschen,
isst du recht gern – ich auch!
(Haselnuss)

Erst ist es grün, dann gelb
und rot, und fliegt es weg,
dann ist es tot.
(Das Laub)

Wer mich will zum Essen haben,
muss mich aus der Erde graben,
muss mich waschen, muss mich pellen,
mir die braune Haut abschälen,
muss mich kochen. Aber dann
– isst mich gerne jedermann.
Aus mir, und das ist kein Witz,
macht man Chips und auch Pommes frites.
(Kartoffel)

Herbstgeschichten selbst erfinden

Die Kinder sammeln beim Spaziergang allerhand Herbstliches: Früchte, Gräser, Kastanien, Eicheln, Bucheckern und vieles mehr.

Jedes Kind bringt in den Stuhlkreis ein Sammelstück mit. Das erste Kind beginnt mit zwei, drei Sätzen eine Geschichte zu erzählen, in der sein Gegenstand vorkommt und legt diesen auf ein Tuch in der Mitte. Das nächste Kind spinnt die Geschichte dann mit seinem Mitbringsel weiter, bis alle dran waren. Die Geschichte könnte beispielsweise so beginnen:

»Der Herbstwind bläst in die Äste und wirbelt die Blätter von den Zweigen. Hoch oben am Baum hängt noch einsam ein Apfel …« Oder »Fritzi und Lena wollen morgen im Kindergarten basteln. Sie suchen Kastanien und Eicheln.«

Diese phantasievolle Geschichte könnte auch auf Tonband aufgenommen oder von den Kindern gespielt werden.

Farbspaziergang in der Natur

Die Kinder bilden Kleingruppen und ziehen verdeckt eine Farbkarte. Haben sie die Farbe Rot gezogen, so sammeln sie in der Natur alles, was rot ist. Eifrige Diskussionen werden entstehen, wo befindet sich die Grenze zwischen Rot, Lila und Blau zum Beispiel, wer darf was mitnehmen?

Zu Hause werden die Mitbringsel benannt und vielleicht zu einer farblich prächtigen Herbstcollage auf ein Brett geklebt.

Farbspaziergang auf dem Markt

Wie oben beschrieben bilden die Kinder Farbgruppen und suchen nach allen erdenklichen Nahrungsmitteln in ihrer Farbe und kaufen diese auch ein.
Zu Hause wird ein Obstsalat oder eine Gemüsesuppe daraus.

Wir ernten Heu

Die Kinder dürfen selbst das Gras im Garten der Kita mähen. Sie übernehmen alle anfallenden Arbeiten, wie Heu wenden, rechen und aufhäufen. Es darf auch im Heu getobt und gespielt werden. Die Kinder fühlen den Unterschied des Heues zum frischen Gras, nehmen den Duft des frisch gemähten Grases und den des Heues genüsslich wahr. In kleine Säcke verpackt bringen es die Kinder später in den Wald, als Futter für Hasen und Rehe. Und vielleicht begegnen sie bei dieser guten Tat auch dem Nikolaus …?

Wir unterstützen Hilfsprojekte

Gespräche über den Sinn des Erntedankfestes und über hungernde Kinder in aller Welt sollten vorausgehen, bevor eine Hilfsaktion gestartet wird. In Absprache mit den Eltern bringen Kinder Obst von zu Hause mit, das gemeinsam liebevoll in Körbchen verpackt und dann Asylantenkindern in der Stadt überreicht wird. Der Erlös eines Erntemarktes wird an ein kirchliches Hilfsprojekt übergeben. Vielleicht übernimmt die Kita-Gruppe eine Patenschaft für ein asiatisches, afrikanisches oder indisches Kind. Somit werden Essen, Kleidung und ein Schulplatz gesichert. Über einen Briefwechsel kann auch hier ein persönlicher Kontakt aufgebaut werden.

Mandalas entdecken und gestalten ...

Mandalas finden sich überall in der Natur: Ringe auf einer Baumscheibe, Wasserringe durch einen aufprallenden Stein, ein Spinnennetz. All das sind Mandalas, Bilder, Gegenstände, die eine Mitte haben und sich von diesem Zentrum her oder zur Mitte hin entwickeln. Mandalas sind also einfache Kreisbilder, die sich um eine zentrische Mitte anordnen und durch den Kreis geschlossen werden. Das Sanskritwort bedeutet Kreis und bezeichnet im engeren Sinne Meditationsbilder, wie sie im Lamaismus und im tantrischen Yoga benutzt werden. Der Kreis ist etwas sehr einfaches und zeigt gerade in seiner Schlichtheit große Wirkung. Mandalas können von den Kindern mit Früchten, Gemüse, Getreide und mit Blättern und Baumfrüchten des Herbstes gelegt werden.

Apfelmeditation

Das braucht man

Äpfel, Teller, Obstmesser, Tuch, Tonkrug mit Apfelbaumzweig, Glasschale mit Schwimmkerzen, für jedes Kind ein Sitzkissen, meditative Musik, CD-Spieler.

▶ Einstimmung

Für das Angebot wird ein Sitzkreis vorbereitet. In dessen Mitte liegt ein Tuch, darauf steht ein Krug mit einem Apfelbaumzweig, an dem noch ein bis zwei Äpfel hängen. Rund herum liegen ein paar Äpfel. Schwimmkerzen in einer Schale mit Wasser verbreiten eine ganz besondere Atmosphäre. Die Kinder begeben sich, eines nach dem anderen, ganz ruhig an ihren Platz im Kreis und warten, bis alle sitzen. Lassen Sie für eine Weile die Mitte auf die Kinder wirken.

▶ Die Meditation

Leise Meditationsmusik erklingt aus dem Hintergrund. Gehen Sie nun zur Mitte und holen Sie sich einen Apfel. Mit großer Ruhe betasten Sie ihn, schauen ihn an, riechen daran und geben ihn dann an das nächste Kind weiter. Dieses reicht den Apfel nach einiger Zeit dem Nachbarkind. Wichtig ist, dass dies mit Ruhe geschieht und sich jedes Kind im Kreis ausreichend Zeit nimmt, den Apfel zu erkunden. Spontan äußern die Kinder ihre Empfindungen. Wenn der Apfel die Runde gemacht hat, erzählen Sie den Kindern, dass sich im Innern ein Stern verbirgt. Schneiden Sie den Apfel quer durch und in beiden Hälften wird der Stern sichtbar. Beide Apfelhälften machen nun die Runde. Die Kinder entdecken nicht nur einen Stern, sondern auch Apfelkerne darin.
Lösen Sie die Kerne heraus und legen Sie diese in einem Kreis um einen ganzen Apfel. Erzählen Sie den Kindern, dass für uns Kerne Abfall sind. Sind sie aber wirklich so unwichtig? Warum sind sie im Apfel? Warum ist so viel drumherum? Was steckt in so einem kleinen Kern?
Dann nimmt jedes Kind einen Apfelkern in die Hand, betrachtet ihn und lässt ihn in der Hand verschwinden. Erzählen Sie nun eine kleine Geschichte, die das Bäumchen in der Hand wachsen lässt:

»Ein Apfelkern, fest und klein, schlummert in der Erde. Da kommt der Regen und macht die Erde feucht. Die Sonne wärmt die Erde. Der Apfelkern wird ganz prall und ein kleiner grüner Trieb wächst daraus. Der streckt sich und schiebt sich empor zum Licht bis ein kleines Bäumchen zu sehen ist. Das Bäumchen wird größer und größer bis es ein richtiger Baum ist. Im Frühjahr bekommt unser Apfelbaum wunderschöne weiße Blüten. Die Bienen kommen und holen sich süßen Nektar von den Blüten. Endlich wird es Sommer und aus den Blüten werden kleine grüne Äpfel. Die Sonne scheint und die Äpfel werden größer und größer und bekommen eine schöne rote Farbe. Im Herbst, wenn sie reif sind, fallen sie vom Baum und wir Kinder sammeln sie in einem großen Korb. Im Kindergarten backen wir einen leckeren Apfelkuchen daraus.«

▶ Abschluss

Die Kinder probieren die Kerne oder pflanzen sie zu einem späteren Zeitpunkt ein. Schneiden Sie die Apfelhälften in Stücke und legen Sie diese auf einen Teller. Die Kinder geben den Teller im Kreis herum und jedes nimmt sich ein Apfelstück. Hat ein Apfel jemals so gut geschmeckt?

Die Idee, am nächsten Tag einen Apfelkuchen zu backen, findet bei den Kindern sicher große Zustimmung.

Herbstwerkstatt

Sammeltaschen

Das wird gebraucht

Einkaufsbeutel aus Nessel, Stoffmalfarben, Pinsel, Pappkarton, Bügeleisen.

So wird's gemacht

Die Kinder erfahren, dass sie die Taschen beim nächsten Ausflug zum Einsammeln von Naturmaterialien brauchen. Sie überlegen sich ein Motiv aus der Natur: einen Apfel, Gräser, Getreidehalme u. Ä. und wählen die Farben aus. In die Tasche wird vor dem Bemalen ein entsprechend großer Pappkarton gelegt, damit sich die Malerei nicht auf die andere Seite durchdrückt. Nun kann es mit dem Bemalen losgehen. Nach dem Trocknen werden die Farben durch Bügeln von links fixiert (Gebrauchsanweisung berücksichtigen). Bis die Taschen zum Einsatz kommen, sind sie aufgehängt eine lustige Dekoration.

Wurfkastanie

Das wird gebraucht

Kastanien, Handbohrer, Klebstoff, bunte Schleifenbänder (wahlweise Bänder aus Krepppapier), Schere, Stricknadel o. Ä., Stäbchen.

So wird's gemacht

Mit dem Handbohrer ein Loch in die Kastanie bohren. Zwei oder drei verschieden farbige Bänder, ca. 30 cm lang abschneiden. In das Loch der Kastanie Klebstoff füllen und die Enden der Bänder mit dem Stäbchen hineindrücken. Nach dem Trocknen dürfen die Kastanien im Garten durch die Luft geworfen werden. Die Bänder flattern dabei lustig im Wind. – Vorsicht! Am besten werfen alle Kinder in die gleiche Richtung, um sich nicht gegenseitig zu treffen und schauen dabei, wer am weitesten wirft oder welche Kastanie am lustigsten flattert.

Tischlaternen

Das wird gebraucht

Marmeladen-, Honig- oder Jogurtgläser, gepresste Herbstblätter, Tapetenkleister, Pinsel, Teelicht.

So wird's gemacht

Glas mit Tapetenkleister bestreichen und mit den gepressten Blättern bekleben. Mit einem Teelicht beleuchtet, erzielt man eine romantische Herbststimmung. Diese einfach herzustellende und doch sehr wirkungsvolle Dekoration ist auch ein schönes Herbstgeschenk an die Eltern und sicher ein gutes Verkaufsobjekt beim Herbstmarkt.

Phantasievogel aus Herbstlaub

Das wird gebraucht

Gepresste Blätter in verschiedenen Farben und Formen, Karton, Bleistift, Schere, Klebstoff, Blumenstäbe oder Schaschlikstäbe, Klebeband.

So wird's gemacht

Die Kinder zeichnen einen Vogel auf den Karton und schneiden ihn aus. Der Vogel wird nun Schritt für Schritt mit Klebstoff bestrichen und phantasievoll mit den gepressten Blättern beklebt. Auf diese Weise bekommt er ein prachtvolles Federkleid. Der Stab wird auf der Rückseite mit Klebeband befestigt.

Theater mit Fabeltieren aus Laub

Die oben beschriebene Technik lässt sich facettenreich variieren. Mit eigenen Ideen können die Kinder allerlei Phantasie-Tiere herstellen.
Daraus kann ein kleines, zauberhaftes Theater entstehen.

Sonnenblumen-Händedruck

Das wird gebraucht

Fingerfarben, große Bögen Papier zum Drucken (DIN A2 oder noch größer)

So wird's gemacht

Kinder malen sich gegenseitig mit den Händen (oder mit dem Pinsel) Handinnenflächen und Finger an. In Form einer Sonnenblume werden diese dann auf dem Papier abgedruckt. Die Finger ergeben die Blütenblätter, auf die Handflächen werden mit dem Finger in brauner oder schwarzer Farbe die Körner aufgetupft. Diese Aktion eignet sich für alle Altersstufen!
Ebenfalls reizvoll als Gemeinschaftsarbeit: Viele Hände drucken eine Blume. Dabei können auch mehrere Abdrücke übereinander gemacht werden.

Kartoffel-Köpfe

Das wird gebraucht

Kartoffel, Kressesamen, Messer, Papprollen, Schminkstifte.

So wird's gemacht

Ein Drittel der Kartoffel abschneiden und diese auf eine Papprolle stellen. Mit Schminkstiften Augen, Nase, Mund und Ohren aufmalen. Auf die feuchte Schnittfläche Kressesamen streuen, mit undurchsichtiger Folie zudecken, bis die Kresse keimt. Danach Folie wieder abnehmen und ans Fenster stellen.
Nun können die Kinder beobachten, wie die »Haare« lustig wachsen.

Blättergirlande

Eine Blättergirlande ist einfach herzustellen, da alle Materialien nur aufgefädelt werden. Sie eignet sich zum Dekorieren der Räume und als Schmuck zum Umhängen für die Kinder.

Das wird gebraucht

Gepresste Blätter, Kastanien, Eicheln, Bast, große Stopfnadel, Schere, Handbohrer.

So wird's gemacht

Blätter pressen, mit Handbohrer ein Loch in die Kastanien und Eicheln bohren. Ein beliebig langes Stück Bast abschneiden, an einem Ende mit einem großen Knoten versehen, Stopfnadel einfädeln und die Materialien in beliebiger Reihenfolge auffädeln. Zusammenknoten und sich selbst oder das Zimmer damit schmücken.

Flechtwerk – eine Gemeinschaftsarbeit im Garten

Das wird gebraucht

Zwei Bäume, die nicht zu weit auseinander stehen, ca. 1 bis 1,5 Meter oder im selben Abstand zwei Pfähle in die Erde rammen. Zwei kräftige Äste für den Flechtrahmen, dicke Schnur für die Kettfäden. Allerlei gesammeltes, was die Natur uns bietet, zum Beispiel Gräser, Getreide, Moos, Rinden, Efeu, Zweige und sogar auch ein kleiner Stein und ein Schneckenhaus können eingewebt werden.

So wird's gemacht

Die Erzieherinnen bauen den Webrahmen, die Kinder helfen mit. Die beiden Äste werden waagrecht mit der Schnur zwischen die beiden Bäume gebunden. Der Abstand von oben nach unten beträgt ca. 50 bis 75 cm. Dabei auf Stabilität achten, denn der Rahmen muss einiges tragen, wenn die Kinder daran arbeiten.

Die Kettfäden zwischen den beiden Ästen aufziehen, dabei darauf achten, dass diese stramm gezogen sind. Nun dürfen die Kinder nach Herzenslust alles, was sie in der Natur fanden, einflechten. Im Vergleich zu den kleinen Webrahmen, die die Kinder bereits kennen, sieht das vollendete Werk »gigantisch« aus.

Falls Sie einen Maschendrahtzaun haben, der nicht mit Sträuchern verdeckt ist, können die Kinder auch dort allerhand einflechten. Allerdings müssen hierbei die dünnen Gräser gebündelt verarbeitet werden.

Spiel- und Tanzkiste

Früchtememory

Das wird gebraucht

Für jedes Kind ein Paar Früchte, Tischtuch

So wird's gemacht

Die Früchte werden auf dem Tisch verteilt und mit dem Tuch bedeckt. Dann greifen die Kinder nacheinander unter das Tuch und versuchen die zusammengehörenden Früchte zu ertasten. Wenn alle glauben, ein Paar in Händen zu halten, wird das Tuch weggezogen und überprüft, ob jeder die Aufgabe richtig gelöst hat.

Apfel-Angeln

Zur Zeit der Apfelernte ist dies ein lustiges, wenn auch nasses Spiel!

Das wird gebraucht

Große Schüssel mit Wasser, Äpfel, Handtuch.

Spielanregung

Der Boden sollte unempfindlich gegen Nässe sein. In eine mit Wasser gefüllte Schüssel werden viele Äpfel gegeben. Die Kinder versuchen nun, mit hinter dem Rücken verschränkten Armen, einen Apfel nur mit dem Mund aus der Schüssel zu fischen.

20 Apfelernte

Dieses lustige Wettspiel, bei dem Körpergeschicklichkeit gefragt ist, kann auch mit anderen Früchten oder mit Kastanien gespielt werden. Es eignet sich gut als Spiel mit den Eltern oder gar als Spiel Eltern gegen Kinder.

Das wird gebraucht

Äpfel, Korb, Tuch oder Seil.

So wird's gemacht

Bei diesem Spiel können zwei Spieler oder zwei Riegen gegeneinander antreten. Im Raum sind überall Äpfel verteilt, die von den Spielern in einen Korb gesammelt werden müssen. Vorher werden jedem Mitspielenden noch die Beine zusammengebunden. Sieger ist, wer in einer bestimmten Zeit die meisten Früchte eingesammelt hat.

Obst- und Gemüsetheater

Ein Theaterstück mit Früchten oder auch Gemüse hat seinen ganz besonderen Reiz. Gleich vorweg sei betont, dass die Lebensmittel nicht »nur« zum Spielen benutzt und anschließend weggeworfen werden. Es geht vielmehr darum, mit den Äpfeln, Kartoffeln und Gurken zu agieren, bevor sie verzehrt werden. Auf Klebstoff beim Gestalten der einzelnen Figuren ist also zu verzichten. Jedes Kind aus der Gruppe bringt verschiedene Obst- und Gemüsesorten mit. Bald befindet sich eine reiche Auswahl an Äpfeln, Rüben, Kohlköpfen, Lauch, Kartoffeln, Gurken, Salat im Kindergarten.

Mit ein paar Handgriffen werden nun Perlen oder Knöpfe als Augen, Wolle oder Bast als Haare, Stoff- und Filzreste als Umhang, Kohlblätter als Flügel oder Umhang mit Stecknadeln am Obst oder Gemüse befestigt. So wird aus einem kleinen Rettich mit zwei Feldsalatblättern eine Maus, aus einer Rübe mit zwei Kohlblättern als Flügel ein seltsamer Vogel. Dem hochgewachsenen Lauch verleiht eine kleine Fliege aus Filz ein würdiges Aussehen und der Tomate mit ihren Perlenaugen steht vortrefflich der Hut aus einem Kohlblatt.

Allein die Auswahl und Gestaltung der Frucht- oder Gemüsesorten macht Spaß. Es wird probiert, wieder weggelegt, etwas Neues versucht. Ist die Figur dann gelungen, wird noch eine Gabel zur besseren Handführung

hineingespießt und das Spiel kann beginnen. Meist reichen kleine Bewegungen, eine angedeutete Umarmung, ein Küsschen, ein kleines Tänzchen oder ein kurzes Gespräch und alles lacht.

So begrüßt der fesche Lauch die feine Tomatendame, macht ihr überschwänglich Komplimente und bewundert ihren eleganten Hut. Eilig verabschiedet sie sich, da sie mit ihrer Freundin verabredet ist. Plötzlich huscht eine Rettichmaus über die Straße und der feinen Tomatendame entfährt ein spitzer Schrei. Aber schon sieht sie ihre Karottenfreundin am anderen Ende des Weges, bekleidet mit einem neuen Modellkleid aus Kohlblättern. Bewundernde Blicke, eine flüchtige Umarmung, Küsschen und der neueste Klatsch werden ausgetauscht.

Mit den Figuren spielen die Kinder hinter einer Bühne. Dafür eignet sich ein Kasperltheater, ein seitlich gekippter Tisch oder eine quer gespannte Schnur, über die ein Tuch gehängt wurde.

Hinweis: Vor der weiteren Verarbeitung unbedingt darauf achten, dass alle Stecknadeln entfernt wurden.

Herbstblätter-Tanz mit Farbdias

Das braucht man

Dias mit verschiedenen Herbstmotiven, Herbstlaub auf Bäumen, an Wänden, auf dem Boden in herrlich leuchtenden Herbstfarben. Diaprojektor, Leinwand oder weiße Wand, abgedunkelter Raum, Musik. Für jedes Kind ein halbes weißes Leintuch, Schere.

So wird's gemacht

Leintücher halbieren, jeweils das halbe Tuch einmal zusammenfalten. In der Mitte einen Schlitz einschneiden, so groß, dass ein Kinderkopf durchpasst. Die Kinder hängen sich ihr Tuch um und tanzen vor der weißen Wand oder Leinwand. Der Erwachsene projiziert die Herbstdias auf die Kinder. Die weißen Tücher werden bunt, die Kinder werden zu tanzendem Herbstlaub im Wind. Sie sind so begeistert, dass sie abwechselnd tanzen und zuschauen wollen.
Musikvorschlag: »Herbst« aus den »Vier Jahreszeiten« von Antonio Vivaldi

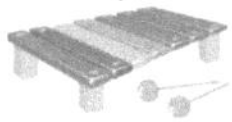

22 Erntetanz

Text: Rolf Krenzer, Musik: Ludger Edelkötter

Dank für die Äpfel,
dank für die Gaben,
dass wir zu essen
heut und morgen haben.

Dank für die Birnen …
Dank für die Trauben …

Alles, wofür wir danken, wird jeweils in der dritten Zeile eingesetzt, so dass nach und nach immer mehr Gaben dazukommen.

Einer beginnt, und immer mehr gehen in den Kreis und schreiten darin herum. Von der Mitte aus können bunte Bänder aufgenommen werden, die von einem Tänzer mitten im Kreis gehalten werden und von denen jeder Mittänzer ein Ende hält.

Knister-, Knusper-, Knäckebrot

Text: Rolf Krenzer, Musik: Siegfried Fietz

2. Etwas Butter, etwas Salz
oder auch Gelee.
Knister-, Knusper-, Knäckebrot
schmeckt zu Milch und Tee.

3. Knister-, Knusper-, Knäckebrot.
Keiner leidet Not.
Dank für Butter, Milch und Brot.
Danke, guter Gott!

Herbstküche

Folienkartoffel

Zutaten

Pro Person ein bis zwei Kartoffeln, Salz, Pfeffer, Kümmel oder Oregano (je nach Geschmack), Olivenöl, Küchenpinsel, Alufolie.

So wird's gemacht

Alufolie in viereckige Stücke reißen, mit Öl bepinseln, Kräuter und Gewürze draufstreuen und damit die Kartoffeln einwickeln. In der Glut des Feuer oder im Backofen bei 220 Grad je nach Größe 30–40 Minuten garen. Dazu gibt es selbstgemachte Dips.

Kräuterdip

Zutaten

1 Bund Schnittlauch, selbstangebaute Kresse, Dill (Variationen mit Basilikum oder Petersilie ...), 1 Becher Crème fraiche, Kräutersalz, 2 El Honig, 2 Eigelb.

So wird's gemacht

Kräuter waschen, zupfen und mit dem Wiegemesser klein hacken. Mit Crème fraiche, Eigelb und Honig gut verrühren und mit Kräutersalz abschmecken.

Erntedank-Kartoffelsuppe

Zutaten

4 große Kartoffeln, 4 Karotten, 1 Stange Lauch, 1 Sellerieknolle, 1 Zwiebel, 1 Knoblauchzehe, 2 L Gemüsebrühe (Brühwürfel), 4 El Sahne, Butter, zum Bestreuen gehackte Petersilie, Salz, Pfeffer, Semmelwürfel.

Zubereitung

Gemüse waschen, schälen, zerkleinern und in der heißen Butter andünsten. Die rohen, würflig geschnittenen Kartoffeln zugeben. Brühe zugießen, alles weich kochen und mit Salz und Pfeffer abschmecken.
Am Schluss Sahne hinzufügen. Semmelwürfel in Butter anrösten und auf die Suppe geben.

Bratäpfel

Zutaten pro Bratapfel

Je 1 Tl gemahlene Haselnüsse, rote Marmelade, Zucker, Rosinen, evtl. Vanillesauce
Materialien: 1 Apfelausstecher, Alufolie etwa 15 x 15 cm, Backblech.

Zubereitung

Apfel gründlich waschen, abtrocknen und Gehäuse mit dem Ausstecher entfernen. Apfel auf die Folie legen und abwechselnd mit Haselnüssen, Marmelade, Zucker und Rosinen füllen. Ecken der Folie anheben, zusammen drehen und mit dem Apfel auf das Backblech stellen. Bei etwa 250 Grad Apfel 35 bis 45 Minuten braten.

Obstsalat

Zutaten

Verschiedene Früchte (pro Kind ein Stück), 1 Zitrone, Honig nach Belieben.

Zubereitung

Kinder waschen sich die Hände und dann das Obst. Gemeinsam wird zusammengestellt, was alles für die Zubereitung des Obstsalates gebraucht wird, dabei können die Kinder bereits vorhandene Erfahrungen einbringen.
Jedes Kind bekommt ein Stück Obst, welches es abschälen und klein schneiden darf. Alles zusammen kommt in eine große Schüssel. Ein bis zwei Kinder pressen die Zitrone aus und schütten den Saft über das Obst, damit es nicht braun wird. Ein anderes Kind wiederum gibt den Honig hinzu. Jedes Kind darf den Obstsalat mit einem Salatbesteck vermengen. Zum Essen reicht jedes Kind einem anderen den Obstsalat in einem kleinen Schälchen.

Herbstblätter-Plätzchen

Dazu Mürbteig herstellen und die Kinder Plätzchen in Form von Blättern, frei nach ihrer Phantasie mit einem Messer ausschneiden lassen. Anschließend mit verquirltem Eigelb bepinseln und backen.

Tipp: Damit die Blätter gleichmäßig gebacken werden, den Kindern eine Größenvorgabe machen, z. B. »so groß ausschneiden wie eure Handfläche ist«. Werden sie dennoch sehr unterschiedlich, kann man sie nach Größen sortiert auf zwei Backbleche verteilen.

Brot backen

Zutaten

80 g Hefe, 1 Tl Zucker, 1 Tasse lauwarmes Wasser, 1500 g Roggenmehl Typ 1370, 1 El lauwarmes Wasser, 3 El Salz, Mehl zum Bestäuben, Fett für das Backblech, 1/2 Tasse heißes Wasser.

Zubereitung

Hefe zerbröckeln und mit dem Zucker in einer Tasse mit lauwarmem Wasser auflösen. Mehl in eine Backschüssel geben, in der Mitte eine Vertiefung eindrücken, die aufgelöste Hefe hineinschütten und mit dem Mehl vermengen. Nach und nach Wasser und Salz zugeben und den Teig durcharbeiten, bis er Blasen wirft und sich von der Schüssel löst. Teig mit Mehl bestäuben, mit sauberem Tuch zudecken und an warmem Ort gehen lassen. Sobald sich das Teigvolumen verdoppelt hat, den Teig auf eine mit Mehl bestäubte Arbeitsplatte geben, durchkneten und einen länglichen Laib formen. Diesen in ein Tuch einschlagen und nochmals 20 Minuten ruhen lassen. Laib auf das gefettete Backblech legen, mit Mehl bestäuben und an beiden Enden sowie in der Mitte quer einschneiden. Herd auf 250 Grad vorheizen und Brot bei 180 Grad ca. 120 Minuten backen. Das Blech auf die untere Schiene schieben und eine halbe Tasse Wasser dazustellen. Das Brot ist gar, wenn es beim Beklopfen der Unterseite hohl klingt.

Stockbrote

Zutaten

450 g Weizenmehl, 1 Tl Salz, 2 Tl Backpulver, 1 Tasse Milch.

Zubereitung

Salz, Backpulver und Mehl in einer Schüssel mischen, nach und nach die Milch zugeben, bis ein geschmeidiger Teig entsteht. Vom Teig etwa 10 Teile abstechen und mit bemehlten Händen Würste formen. Jede Wurst schlangenförmig um einen angespitzten Stock wickeln. Stockbrot durch Drehen über der Glut backen, bis es gar ist und eine hellbraune Farbe hat.

ST. MARTIN

Einleitung

Martinstag – lebendiges Brauchtum

Martins symbolische Tat, die Mantelteilung, ist Mittelpunkt vielfältigen Brauchtums. Ihm zu Ehren werden Laternenumzüge organisiert. Die Mantelteilung Martins mit dem Bettler wird auf verschiedene Weise dargestellt. Um ein Martinsfeuer werden Lieder gesungen. Martinsgebäck, das geteilt wird und eine Martinsgans als Braten sind ebenfalls alte Tradition.

Vieles, was uns heute als Martinsbrauchtum bekannt ist, hat seinen Ursprung in alten Zeiten. Früher war der Martinstag am 11.11. wichtiger als der offizielle Jahresbeginn. Das bäuerliche Jahr war zu Ende, die Pacht musste bezahlt werden und das Gesinde wechselte den Dienstherrn. Bevor sich Mägde und Knechte jedoch vom Bauern und dem Dorf verabschiedeten, wurde ausgiebig gefeiert. Mit Martinszweigen, die sie vom Wacholder und von der Birke geschnitten hatten, gingen sie von Tür zu Tür und ließen sich beschenken. Man glaubte daran, dass so viel Vieh gesund und fruchtbar überwintert, wie Beeren und Blätter an den Zweigen sind. Die Umzüge der Kinder von Haus zu Haus und der Brauch, Weckmänner, Martinsbrötchen oder -hörnchen zu verschenken, haben hier sicher ihren Ursprung. Die Sitte, am Martinstag eine Gans zu braten, ist auch heute noch weit verbreitet. Ursprünglich geschah das, weil zu »Martini« das Vieh geschlachtet wurde, das aus Kostengründen den Winter über nicht gefüttert werden konnte. Auch die Gänse zählten dazu. Da am Tag darauf das große Adventsfasten begann, wurde nochmals üppig gegessen und gefeiert. Zu Sankt Martin, dem Fest der Kinder, gehören die selbst gestalteten Laternen. Sie sind ein Teil der Lichtsymbolik, die an Allerseelen beginnt und über Advent und Weihnachten bis Lichtmess führt. Der Brauch, beim Martinszug Laternen zu tragen, wird auch auf die Verehrung Martin Luthers in Thüringen zurückgeführt. Luther, der große Reformator, wurde am Vorabend des 11.11. geboren und am Martinstag auf diesen Namen getauft. An seinem Geburtstag versammelten sich am Abend die Kinder mit Papierlaternen auf dem Erfurter Domplatz und gedachten seiner. Um die Jahrhundertwende wurde das Martinsbrauchtum neu belebt. Nach einer Unterbrechung in der Nazizeit wurden die Feierlichkeiten 1945 wieder aufgenommen. Die Martinsfeiern sind in unserer Zeit religiös und sozial orientiert. Das mitmenschliche Helfen steht im Vordergrund und somit ist es guter Brauch, für Bedürftige in aller Welt Geld- und Sachspenden zu sammeln. Kirchengemeinden, das Kindermissionswerk, aber auch Schulen und Kindertagesstätten sind hier aktiv und starten Projekte der Solidarität mit Notleidenden.

Festgestaltung

▶ Elemente des Martinsfestes

- Laternenumzug
- Das Singen von Martins- und Laternenliedern
- Begegnung mit dem »Hl. Martin« hoch zu Ross
- Das Spielen der Legende als Darstellendes Spiel oder als Schattenspiel
- Das Martinsfeuer
- Das Martinsbrot teilen
- Ein Umtrunk zum Aufwärmen

Eine intensive Vorbereitungszeit ist die beste Einstimmung auf das Martinsfest. Hintergrund, Brauchtum und Symbolik können Sie Kindern nur verdeutlichen, wenn Sie diese Aspekte über einen längeren Zeitraum hinweg mit den Kindern erarbeiten. Mittels kindgemäßer Methoden wird der Kerngedanke des Festes erlebt und verinnerlicht. Dieser soll weit über das eigentliche Fest hinaus wirken und die Kinder anspornen, selbst ein kleiner Martin zu sein! – Und der Erwachsene hilft dabei, den Transfer in den Alltag zu schaffen. Die Figur des Hl. Martins soll das ganze Jahr über präsent sein und die Kinder begleiten. Die Festgestaltung wird zum bleibenden Eindruck für die Kinder. Überlegen Sie, in welcher Form gefeiert wird, mit oder ohne Eltern und Geschwister, mit der Schule und vielleicht der ganzen Pfarrgemeinde?

Vielleicht wechseln Sie jährlich ab und feiern auch einmal im kleinen Rahmen im Garten der Kita.

Für die Vorbereitung und zur Durchführung des Festes bilden Sie in ihrer Einrichtung am besten ein Festkomitée. Je nach Situation, beteiligen sich Kinder, Lehrer, der Pfarrer und Eltern. Sie können als Organisatoren wirken, wenn es um das Engagieren eines Reiters mit Pferd und um das Sammeln und Aufrichten des Holzes zum Martinsfeuer geht. Vielleicht gestalten auch einmal die Eltern eine Laterne für ihre Kinder. Einige Eltern werden auch als Begleiter beim Umzug gebraucht. Andere bringen ihre Talente bei einem Schattenspiel, bei der Aufführung einer Legende oder bei einer musikalischen Begleitung ein. Alle Eltern, die in den Straßen wohnen, in denen der Umzug stattfindet, könnten motiviert werden, ihre Häuser dem Thema entsprechend zu schmücken. Sei es mit einer Laterne im Garten oder mit einem beleuchteten und dekorierten Fenster.

Wichtig ist auch die Zusammenarbeit mit der Polizei, die mit Absperrungen und Begleitschutz für die Sicherheit sorgt. Planen Sie ein Martinsfeuer, muss die Feuerwehr verständigt werden.

Bevor es soweit ist, dürfen die Kinder erst einmal ihre erleuchtete Laterne im Garten oder in der Halle zur Musik »Probe tragen«. Bei Tageslicht gehen die Erzieherinnen mit den Kindern den Weg, der für den Umzug geplant ist. Ein weiterer Spaziergang sollte für

einen Spätnachmittag angesetzt werden, wenn es schon etwas dunkel ist, denn das gibt den Kindern Sicherheit für den Umzug am Abend.

▶ Martinsfeier und Laternenumzug

Als Wegstrecke für den Umzug eignen sich ruhig gelegene Grünanlagen und Parks. Vielleicht gehen Sie entlang eines Baches oder um einen See, wo sich im Wasser das Licht der bunten Laternen spiegelt und ein wundervolles Schauspiel bietet.

Endlich ist es ist es soweit, unser Kalenderblatt zeigt den 11. 11. an; es ist Martinstag. Am Vormittag werden die Namenstagskinder Martin und Martina gefeiert und die Gruppe noch einmal auf die abendliche Feier eingestimmt. Am Spätnachmittag versammelt sich die Kindergruppe, warm angezogen und mit Laternen ausgestattet, in der Halle der Kindertagesstätte. Es soll genügend Platz vorhanden sein, so dass sich die Feiergemeinschaft im Kreis aufstellen kann. – Oder man trifft sich gleich an einem geeigneten Platz im Freien.

Ablauf und Verhaltensregeln werden nochmals wiederholt, aufgeregte Kinder bekommen hierdurch mehr Sicherheit. Eine schöne Einstimmung ist auch das Ansingen der Lieder. Der Reiter, der den Hl. Martin darstellen soll, ist mit seinem Pferd eingetroffen. Die Kinder sind voll freudiger Aufregung. Es muss soviel Zeit sein, dass sie sich das Pferd genauer ansehen können! Der Ritterhelm, die gesamte Kleidung ist für die Kinder interessant.

Für das Pferd steht schon ein Eimer Wasser bereit, damit es getränkt werden kann, und auch der Sack mit Karotten, Äpfeln und Brot, den ihm die Kinder schenken wollen. Die örtliche Musikkapelle kommt inzwischen dazu. Viele Helfer zünden die Kerzen in den Laternen an. Langsam baut sich der Zug auf, allen voran der Reiter mit dem Pferd. Danach der Pfarrer, die Musiker und hinterdrein die vielen Kinder mit ihren romantischen Laternen, begleitet von den Eltern. Den Abschluss des Laternenumzuges bildet eine kleine Martinsfeier. Dafür eignen sich z. B. die Pfarrkirche, das Gemeindezentrum, das Ufer eines Teiches oder die Halle der Kita. Es gibt so viele bezaubernde Möglichkeiten und jede verleiht dem Fest seinen eigenen Charakter. Bei einer Feier im Freien bildet das Martinsfeuer einen weiteren Höhepunkt für Jung und Alt.

Bei diesem Teil der Feier versammeln sich alle im Kreis und singen Martins- und Laternenlieder. Vielleicht spielt der Reiter als »Hl. Martin«, mit einem »Bettler« die Legende von der Mantelteilung. Eltern oder Kinder sprechen und spielen mit verteilten Rollen Martinslegenden oder sie führen ein Schattenspiel auf. Die Kinder beteiligen sich wiederum mit einem Martinsgedicht. Den Abschluss des Festes bildet in jedem Fall das Teilen von Martinsbroten, Weckmännern und dergleichen in der Feiergemeinschaft. Die Kinder überreichen dem Reiter die gesammelten Karotten, Äpfel und Brotstücke für das Pferd und bedanken sich.

▶ Martinsfeier im Garten

Vielleicht wechseln Sie jährlich ab und feiern auch einmal in kleiner Gesellschaft im Garten der Kita. Der schöne Garten bietet in gewohnter Umgebung einen feierlichen Rahmen für das Fest.

Glaslaternen, die Sie auch in die Bäume hängen können, und Fackeln an geeigneten Stellen verzaubern die Natur. An einem sicheren Platz wird bereits am Nachmittag das Holz für das Martinsfeuer aufgeschichtet und ein Gartenschlauch für eventuellen Löschbedarf hergerichtet. Denn nach einem alten Brauch aus Frankreich wird zu St. Martin um ein großes Feuer gefeiert. Dazu stellen sich die Eltern und Geschwister im großen Kreis auf. Die Kita-Kinder ziehen mit ihren Laternen aus der Halle in den Garten, umkreisen das Feuer und bleiben in sicherem Abstand stehen. Um das Feuer werden Legenden erzählt oder auch gespielt, Gedichte vortragen und mit großer Freude die Martinslieder gesungen. Wie bei jeder Martinsfeier teilen sich Erwachsene und Kinder am Schluss das Martinsbrot. Dazu wird heiße Schokolade oder Punsch zum Aufwärmen gereicht.

▶ Martinsfeier im Gruppenraum

Findet die Martinsfeier im Gruppenraum statt, legt man besonderes Augenmerk auf die Raumgestaltung und Atmosphäre. Tage, sogar Wochen zuvor schmücken die Erzieher mit den Kindern Wände und Fenster zum Thema. Auf elektrisches Licht wird bei der Feier völlig verzichtet. Mit den Laternen der Kinder auf den Tischen, Regalen, Schränken und Fensterbänken schaffen Sie eine wunderschöne Atmosphäre. Das Erzählen der Legende, ein Schatten- oder Rollenspiel dazu, kann neben dem Singen der Martinslieder zum Höhepunkt werden. Tische und Stühle laden zu einem längeren Verweilen, zu einem Plausch bei Tee, Punsch und Martinsgebäck ein. So kann der lukullische Aspekt im Raum sicher intensiver zelebriert werden, als bei einem Fest im Freien. Vielleicht bieten Sie den Eltern beim Abholen der Kinder auch eine kleine Kostprobe an.

Legenden und Gespräche

Folgende Martinslegenden berichten aus der Jugend und aus dem Erwachsenenleben des Heiligen. Die Impulsfragen am Ende der jeweiligen Geschichten sollen die Kinder zum Nachdenken und zum Gespräch anregen. Auch haben sie die Möglichkeit, selbst Lösungen für Situationen und Probleme zu finden. In der Erarbeitung der Themen findet auch jeweils ein Transfer zum Alltagsleben der Kinder statt.

Martin wird Soldat

Martin wächst heran und ist ein kräftiger Junge. Sein Steckenpferd und all die anderen Spielsachen hat die Mutter längst in einer Truhe verstaut. Denn Martin hat nun ein richtiges Pferd, er nennt es Jolanda. Jeden Tag versorgt er es mit Futter und Wasser. Fleißig bürstet er sein Fell, bis es glänzt. Am liebsten reitet Martin über die Felder und durch Wälder. Zurück im Stall gibt es zur Belohnung ein Zuckerstückchen für Jolanda. Als Martin fünfzehn Jahre alt wird, ruft ihn sein Vater zu sich: »Junge, du bist nun alt genug, um Soldat zu werden. Ich möchte, dass du wie dein Vater ein guter Soldat wirst. Ich werde dich meinem Freund, dem Hauptmann, vorstellen«. Als der Hauptmann Martin sieht, klopft er ihm freundschaftlich auf die Schulter und sagt: »Du bist ein gesunder und kräftiger Junge und wie ich von deinem Vater gehört habe, ein guter Reiter. Dich können wir als Reitersoldat gebrauchen!« Als Rüstung bekommt Martin nun einen roten Mantel, einen goldenen Helm, ein Schwert sowie ein Schild mit Adlerwappen und einen schweren Panzer aus Metall.

Es dauert nicht lange und der Soldat Martin wird Offizier. Nun führt er hundert Reiter an, die auf seine Befehle hören. Wie alle anderen Offiziere bekommt er einen Knecht, der ihn bedient. Martin hat als einfacher Soldat alle Arbeit selbst erledigt und das hat ihm sogar Spaß gemacht. Er will sich auch jetzt nicht bedienen lassen. Deshalb ruft Martin seinen Diener zu sich. Er sieht blass aus, sein Rücken ist von der vielen Arbeit schon krumm. »Du bist nun seit einigen Tagen mein Knecht und arbeitest hart. Du holst mir das Essen, machst mein Bett, putzt meine schmutzigen Stiefel, fütterst und pflegst mein Pferd. Du siehst erschöpft aus, ich muss mit dir reden. (Pause) – Nun es macht mir nichts aus, mein Pferd selbst zu versorgen. Das hat mir immer Spaß gemacht. Ab und zu kann ich auch meine schmutzigen Stiefel selbst putzen, dafür bin ich mir auch nicht zu fein. Ruhe dich ein wenig aus, bevor du wieder an die Arbeit gehst!« Ungläubig sieht ihn der Diener an. Solche Worte hat er von einem Herrn noch nie gehört. Schließlich bedankte sich der Diener bei Martin und es wird erzählt, dass beide gute Freunde wurden.

Anregung

Bis »Pause« lesen und mit den Kindern überlegen, wie die Geschichte wohl weitergeht. Über was wird Martin mit seinem Diener sprechen?
Wie kann er ihm helfen?
Die Kinder berichten davon, wie in der Familie die Aufgaben verteilt sind. Sie überlegen, wie sie dem Vater, der Mutter, den Geschwistern bei der Arbeit helfen können.

Martin teilt seinen Mantel

Es ist Winter und bitterkalt. Martin reitet mit seinen Soldaten auf einer Landstraße. Da es bald dunkel wird, ist Martin in Eile. Gleich werden die Tore der Stadt geschlossen. Auch braucht er noch für sich und seine Soldaten ein Haus zum Übernachten. Große Schneeflocken fallen vom Himmel, so hüllt sich Martin fest in seinen warmen Mantel. Als er mit seinen Soldaten durch das Stadttor reitet, hält plötzlich sein Pferd an, es geht keinen Schritt weiter. Was hat es nur?, denkt Martin. Da sieht auch er den Mann, einen Bettler. Er ist nur mit einem armseligen Lumpen bekleidet und zittert vor Kälte. Bittend hebt er die Arme empor und ruft:

»Herr, habt Erbarmen mit mir, helft mir in meiner Not!« Martin hat Mitleid mit dem Bettler. Er greift nach seinem Beutel, in dem er immer Münzen aufbewahrt, doch der Beutel ist leer. Was soll er dem Bettler nun geben? – Er hat nichts, nur seinen Mantel. Martin steigt vom Pferd, nimmt sein Schwert und durchschneidet den Mantel. Mit der einer Mantelhälfte umhüllt er den Bettler, die andere wickelt er sich um den Körper. Ohne einen Dank abzuwarten, reitet Martin in die Stadt. Müde sinkt er in den Schlaf und mitten in der Nacht hat er einen wunderbaren Traum – er sieht Jesus. Dieser hat den halben Soldatenmantel an und sagt zu ihm: »Martin, was du diesem Bettler geschenkt hast, das hast du mir geschenkt!« Als Martin am Morgen erwacht, will er sein Leben ändern. Er möchte nicht mehr Soldat sein und mit dem Schwert kämpfen. Er möchte nur noch den frierenden und hungernden armen Menschen helfen.

Anregungen

- *Warum hat Martin seinen Mantel geteilt? Hätte er nicht auch den ganzen Mantel dem Bettler geben können oder ihn ganz für sich behalten? Die Kinder diskutieren beide Möglichkeiten:*
- *Was teilt Martin außer seinem Mantel mit dem Bettler noch? Martin gibt mehr als ein Stück Stoff. (Er schenkt dem Bettler Wärme. Die Freude des Bettlers macht ihm Freude; es wird ihm warm ums Herz. Martin nimmt einen Teil des Leidens auf sich; der halbe Mantel ist weniger warm als der ganze Mantel.)*

Mit den Kindern wird gemeinsam überlegt, was sie mit anderen in der Gruppe teilen können: Spielsachen, Brotzeit, Nachspeise, usw.

Sie diskutieren, in welcher Situation Bettler, Obdachlose auf der Straße leben und was sie möglicherweise aus der Bahn geworfen hat.

Martin wird Bischof

Früher einmal war Martin Soldat beim römischen Kaiser. Jetzt ist Martin ein Priester und lebt in der Stadt Tours in Frankreich. Martin ist ein guter Mensch und hilft den Armen, Schwachen und Kranken. Alle in der Stadt kennen und lieben ihn. Als der Bischof von Tours stirbt, wollen alle, dass Martin neuer Bischof wird. Martin jedoch hat Angst davor und will diese schwere Aufgabe nicht übernehmen. Heimlich flüchtet er aus der Stadt in einen Bauernhof. Hier wird mich wohl niemand suchen, glaubt er. Die Menschen von Tours wollen Martin zu Hause aufsuchen, um ihn zu bitten, das Amt des Bischofs anzunehmen. Doch er ist nicht zu Hause, deshalb suchen sie ihn in der ganzen Stadt. Sie können ihn aber nirgends finden. So ziehen sie vor die Tore der Stadt, wo die Bauern ihre Höfe und Felder haben. Bei jedem Haus fragen sie die Bauern: »Habt ihr Martin gesehen?« Viele verneinen und der eine oder andere sagt: »Ja, vor ein paar Tagen ist er hier vorbeigekommen!« So suchen die Leute weiter bis sie zu dem Bauernhof kommen, in dem sich Martin versteckt hält. Laut rufen sie seinen Namen. Als Martin das hört, läuft er rasch in den Gänsestall. Hier in diesem kleinen Stall werden sie mich nicht finden, denkt Martin. Doch vor lauter Schreck rennen die Gänse laut schnatternd aus dem Stall. Jetzt wissen die Leute, wo sich Martin versteckt hält. Martin willigt nun ein Bischof zu werden, und voller Freude bringen die Menschen Martin in die Stadt. Martin wird zu ihrem neuen Bischof geweiht. Alle Glocken der Stadt läuten und die Bewohner feiern ihrem Bischof zu Ehren ein großes Fest. – So haben die Gänse mit ihrem lauten Geschnatter den Menschen geholfen Martin zu finden. Die Martinsgänse erinnern uns bei jedem Martinsfest an diese Geschichte.

Anregungen

- *Mit den Kindern besprechen, warum sich Martin wohl im Gänsestall versteckt hat. Die Kinder erzählen von Situationen, in denen sie ähnlich wie Martin Angst vor einer neuen Aufgabe hatten und sich am liebsten versteckt hätten.*
- *Das Foto eines Bischofshutes mit Legematerial gestalten*
- *vergleichen, welcher Heilige auch einen Bischofshut trägt*

Aktionen zum Teilen

Hilfsaktionen durch Teilen von Spielsachen, Kleidung und Süßigkeiten

Gespräche über die Botschaft von St. Martin und über arme Kinder auf der ganzen Welt sollten vorausgehen. Mit den Kindern wird auch erarbeitet, womit man bestimmten Menschen helfen und eine Freude bereiten kann, bevor man die Hilfsaktionen ins Leben ruft.

Die Kinder bringen dann in Absprache mit den Eltern Spielsachen, Süßigkeiten und Kleidung von zu Hause in die Kindertagesstätte mit. Gemeinsam verpacken die Kinder die Geschenke schön. Das Naheliegende ist, die Geschenke den Asylantenkindern zu bringen, die in der Stadt untergebracht sind oder sie Kindern in einem Heim zu überreichen. In Absprache mit der jeweiligen Heimleitung überbringt die Kindergruppe selbst ihre Pakete.

Ist die Aktion »Teilen« für Kinder in fernen Ländern bestimmt, z. B. für Kinder in Kriegsgebieten oder für Straßenkinder in Brasilien, wendet man sich am besten an Pfarrämter oder karitative Organisationen, um sicher zu gehen, dass die Gaben auch an die richtigen Adressen gelangen. Das Missionswerk z. B. hat eine eigene St. Martinsaktion. Mit Spendengeldern werden Kinder auf der ganzen Welt unterstützt.

Ein Lied verschenken

Nicht nur Gegenstände und Süßigkeiten können verschenkt werden. Die Bewohner eines Altenheimes freuen sich über einen Besuch der Kinder, bei dem sie von ihnen ein »Lied« geschenkt bekommen.

Eine Patenschaft übernehmen

Von einem Teil des Erlöses aus dem letzten Flohmarkt oder Sommerbasar übernimmt die Kindergruppe die Patenschaft für ein indisches Kind. Über einen Briefwechsel kann hier noch ein persönlicher Kontakt aufgebaut werden.

Freude und Leid teilen

Die Kinder freuen sich mit dem Geburtstagskind an seinem Ehrentag, sie nehmen freudigen Anteil, wenn ein Kind ein Geschwisterchen bekommt oder eine besondere Reise machen darf. Die Kinder teilen das Leid mit dem Kind, das sich wehgetan hat, sie trösten es mit zuversichtlichen Worten, pusten auf die schmerzende Stelle. Ein Kind, das aus irgendeinem Grund traurig ist und weint, wird mit lieben Worten, Streicheln und einem Taschentuch zum Tränentrocknen getröstet.

Ein »Teiltag« in der Woche

Über einen längeren Zeitraum wird ein Tag in der Woche in Abstimmung mit den Eltern zum »Teiltag« erklärt. Die Kinder achten an diesem Tag besonders darauf, Spiele und Spielzeug gerecht zu teilen, ebenso den Platz in den begehrten Spielbereichen. Und wir teilen die Brotzeit mit unserem Tischnachbarn oder dem bestem Freund, der besten Freundin.

Selbstgemachte Geschenke verteilen

Anlässlich des Martinstages nehmen sich die Kinder vor, jemandem eine besondere Freude zu bereiten. Im Sitzkreis besprechen die Kinder, wen sie erfreuen wollen und womit. Vielleicht basteln sie einen Martinsstern, der schön leuchtet, oder eine Martinsgans (→ S. 41) mit echten Federn oder ein kleines Tischlicht als Geschenk.

Vielleicht sind es aber auch gute Taten, die verschenkt werden, z. B. dem Geschwisterchen beim Zimmeraufräumen helfen, der Mutter beim Tischdecken, dem Papa beim Schuheputzen.

Wir teilen unser Brot

In den Tagen vor dem Martinstag backen die Kinder Martinsbrötchen (→ S. 48). Die Zahl der Brötchen ist so bemessen, dass sie nur für die Hälfte der Festteilnehmer reicht.

Am Festtag wird der Korb mit Martinsbrötchen in die Kreismitte gestellt. Nach der Melodie von »Ich geh mit meiner Laterne« singen alle: »Wie Martin einst durch Güte, dem Bettler hat Freude gebracht, so wollen wir heut teilen, das Brot, das ich mitgebracht.« Kehrreim: »Ein Brot für dich, das schenk ich dir rabimmel, rabammel, rabumm.«

Je zwei Kinder holen sich aus dem Korb ein Martinsbrötchen und teilen es miteinander. Wenn der Korb leer ist und alle Brötchen aufgeteilt sind, singen alle gemeinsam: »Wie Martin einst durch Güte dem Bettler hat Freude gebracht, so wollen wir heut danken für das Brot, das uns satt gemacht.«
Kehrreim: »Ein Brot für uns, wir sagen Dank (wir danken Gott), rabimmel, rabammel, rabumm.«

Sammelaktion für das Martinspferd

Die Kinder bringen von zu Hause eine Karotte oder einen Apfel und etwas Brot für das Pferd mit. Wir sammeln alles in einer Kiste oder in einem Sack. Bei der Martinsfeier wird diese Gabe von den Kindern an den Reiter überreicht.

Bildnerisches Gestalten

Tischlaterne aus Prägefolie

Das braucht man

Prägefolie / Metallfolie, Schere, Brett, Spieße, Klebstoff.

So wird's gemacht

Streifen aus Folie schneiden, ca. 15 cm breit und ca. 35 cm lang. Streifen auf Holzbrett legen und Muster und Motive, z. B. Sterne, Herzen, Gänse mit den Spießen einstanzen. Die Kinder können ihren Ideen freien Lauf lassen. Die Streifenenden zueinander biegen und zusammenkleben, sodass ein Rohr entsteht, das über eine Kerze gestülpt wird. Die Kerze aus Sicherheitsgründen auf einen kleinen Teller stellen. In abgedunkelten Räumen leuchtet sie zauberhaft.

Feurige Windlichter

Nicht nur als Dekoration auf der Festtafel, sondern auch als stimmungsvoller Mittelpunkt beim Geschichtenerzählen begeistern diese Windlichter, die an das Martinsfeuer erinnern.

Das braucht man

Seidenpapier in Feuerfarben, verschiedene Gelb-, Orange-, Rottöne leere Marmeladengläser, Kleister, Teelichter.

So wird's gemacht

Seidenpapier in verschiedenen Gelb- und Rottönen auswählen und in ca. 4 cm breite Streifen reißen. Ein lebendiges Bild ergibt sich, wenn das Seidenpapier nicht flach aufgeklebt, sondern plastisch gearbeitet wird. Dazu wird das Seidenpapier geknüllt und wieder ausgebreitet. Dann bestreicht man eine Fläche des Glases mit Kleister, legt einen Seidenpapierstreifen auf und schiebt diesen mit den Händen so zusammen, dass sich die Form einer Flamme ergibt. Durch dieses wellige Zusammenschieben, das durchscheinend bleibt, erreicht man eine Differenzierung der Farben. Weitere Abstufungen gewinnt man durch stufenweise Überdeckung der einen Farbfläche durch eine weitere.

Bemalte Glaslaternen

Das braucht man

Alte Einmachgläser, Marmeladengläser, Glasfarben, Fensterfarben, Teelichter.

So wird's gemacht

Farben mit den Fingern großflächig auf das Glas auftragen. Es sollten keine naturalistischen Muster gemalt werden, sondern nur großzügige Farbflächen.
Diese Laternen eignen sich gut für eine Feier im Garten. Sie sollten in allen möglichen Größen angefertigt werden. In große Einmachgläser entsprechend mehr Teelichter stellen.

Käferlampion

Vielleicht haben die Kinder Lust, sich einen großen Leuchtkäfer als Lampion zu basteln, um ein wenig Sommer in die dunkle Jahreszeit herüber zu retten. Mehrere dieser Laternen in einen Baum gehängt, sorgen noch das ganze Jahr über für die richtige Atmosphäre bei allen Festen in der Kita oder in der Kindergruppe.

Das braucht man

Luftballon, schwarzen Fotokarton, Seidenpapier (weiß, hellgrün, zitronengelb), zwei kleine Wattekugeln, Blumendraht, Teelicht, Kleister, Kleber, Schere, schwarze Plakafarbe, Pinsel.

So wird's gemacht

Luftballon aufblasen. Seidenpapier in große Schnipsel reißen, mit Kleister bestreichen und in mehreren Schichten übereinander auf den Luftballon kleben.
Den beklebten Ballon trocknen lassen. In eine Seite des Ballons ein Dreieck als Öffnung schneiden, durch die später das Teelicht in den Lampion hineingestellt werden kann. Dabei platzt die Haut des Luftballons, sie kann jetzt entfernt werden.
An dem Knoten des Luftballons die Fühler anbringen: An beiden Enden des ca. 30 cm langen Blumendrahtes die Wattekugeln befestigen, mit den Drahtenden umwickeln; Blumendraht so um den Knoten wickeln, dass die beiden Fühler nach oben gerichtet sind. Wattekugeln mit schwarzer Plakafarbe bemalen. Zwei Flügel mit Lasche zum Ankleben; zwei Kopfteile mit Lasche zum Ankleben; sechs Beine aus dem Fotokarton ausschneiden. Teile an den Luftballon kleben: Mit den beiden Kopfteilen den Knoten fassen und beide Teile zusammenkleben, Laschen am Ballon festkleben. Flügel an den Seiten der dreieckigen Öffnung anlegen, Lasche nach innen wenden, ankleben. An beiden Seiten des Luftballons jeweils drei Beine ankleben. Teelicht mit einem Tropfen heißen Wachs im Lampion befestigen. Aus Blumendraht einen Bügel biegen, über der Öffnung des Lampions befestigen.

Ganslampion

Ein Lampion für alle, die wenig Zeit haben oder auch die Mühe für eine aufwändige Laterne scheuen. Also ein Last-Minute-Lampion, das aber nicht minder schön ist.

Das braucht man

Einen runden, weißen Lampion (gekauft), weißen und roten Fotokarton, schwarzen und gelben Filzstift, Schere

So wird's gemacht

Kopf- und Schwanzteil mit Lasche zum Aufkleben auf weißem Fotokarton und Bein und Fuß mit Lasche auf rotem Karton aufzeichnen. Körperteile ausschneiden, Kopf und Schwanz an den Rand der Laterne kleben. Bein von unten an den Lampion kleben, Augen und Schnabel aufmalen.

Martinsgänse als Collage

Das braucht man

Ein festes Blatt Papier, Bleistift, Federn, Kleber, Stroh.

So wird's gemacht

Die Kinder zeichnen eine oder mehrere Gänse auf das Blatt Papier und bekleben sie mit Federn, zu ihren Füßen kleben sie das Stroh. Variante für ältere Kinder: Das Pferd wird aus Plüschstoff ausgeschnitten und aufgeklebt.

Laternenbild mit Absprengtechnik

Das wird gebraucht

Blatt Papier, Wachsmalkreiden, Tusche und Pinsel.

So wird's gemacht

Die Kinder malen die Motive mit Wachsmalkreiden auf das Papier und übermalen anschließend die ganze Fläche mit Tusche. Alle weißgebliebenen Flächen werden zur »dunklen Nacht«, die Tusche sprengt bei den mit Wachsmalkreiden gemalten Motiven ab, sie heben sich hell hervor.

Serviettengans

Als Tischdekoration oder als Martinsgabe erinnert sie uns an die bekannte Legende, die von Martin im Gänsestall berichtet.

Das braucht man

1 Apfel, 1 weiße Serviette, weißen Bindfaden, weißen Fotokarton, roten und schwarzen Stift, Schere, Bleistift, Kleber.

So wird's gemacht

Apfel in die aufgefaltete Serviette legen, die Zipfel der Serviette zusammenraffen und mit dem Faden zusammenbinden. Auf den weißen Karton Schwanz und Gänsehals mit Kopf und Schnabel aufzeichnen und ausschneiden. Mit rotem Stift Schnabel und mit schwarzem Stift Augen auf beiden Seiten des Kopfes aufmalen. Ausgeschittene Teile unten in der Mitte ca. 2 cm tief einschneiden, auseinanderbiegen und mit Kleber auf dem Apfelserviettenkörper befestigen.

Gans mit Federn

Gänse mit Federn können als liebevolle Martinsgeschenke an die Eltern und Freunde gegeben werden. Die Gänse werden einfach aus Karton geschnitten und mit Federn bekleben.

Das braucht man

Weißen Karton, Schere, weiße Federn (bekommt man häufig freundlicherweise in Bettfederngeschäften geschenkt). Klebstoff, Perlen für das Auge der Gans, Blumenstäbe aus Holz und eventuell Schleife zum Verzieren.

So wird's gemacht

Die Kinder zeichnen die Gans auf den Karton und schneiden sie aus. Die Gans wird nun Schritt für Schritt mit Klebstoff bestrichen und mit Federn beklebt. Dabei sollte den Kindern gestalterischer Freiraum gelassen werden. Für das Auge kann eine Perle verwendet werden, die Kinder können Auge und Schnabel aber auch aufmalen.
Wird die Gans auf einen Blumenstab geklebt, muss sie zweimal angefertigt werden. Das heißt, sie muss doppelt ausgeschnitten aber spiegelbildlich beklebt werden! Die beiden Gänseteile werden zusammengeklebt, dazwischen befestigt man den Stab.
Der Stab kann noch mit einer Schleife verziert und in einen Blumenstock oder eine Vase gesteckt werden.

Laternenbaum als Dekoration für die Halle

Das braucht man

Einen großen Ast, Sonnenschirmständer, Laternen.

So wird's gemacht

Ein großer Ast wird in einen Sonnenschirmständer gesteckt. Die Kinder hängen kleine selbstgebastelte Laternen daran. Immer wenn sich die Kinder zum Singen in der Halle treffen und zur Feier werden die Kerzen angezündet.

Schwimmende Martinsgänse

In der Dunkelheit schwimmen leuchtende Gänse mit ihrem wasserdichten »Federkleid« aus wachsgetränktem Papier auf dem Teich.

Das braucht man

Obst- oder Gemüsekörbchen aus Plastik, Klebefilm, dünnes Zeichenpapier, Bleistift, Schere, weiße Kerze, Teelicht, Bügeleisen, Zeitungspapier, gelbes Papier, Kleber, durchsichtiges Doppelklebeband. Für die Beleuchtung: Stumpenkerze, Schraubdeckel.

So wird's gemacht

Henkel vom Plastikkörbchen entfernen, Bodenlöcher innen und außen mit Klebefilm überkleben. Um das Körbchen einen Bogen Zeichenpapier legen und es auf einer Seite drei Finger breit überstehen lassen. Papier in der Mitte falten und Gans aufzeichnen, doppelt ausschneiden.

Wasserdichtes »Federkleid« herstellen: Gansschablone auf Unterlage legen. Wachs der weißen Kerze über dem Teelicht erhitzen und flüssiges Wachs dicht an dicht auf die Schablone tropfen lassen, bis diese vollständig bedeckt ist. Wachspapier zwischen zwei Zeitungsbogen bügeln. Kopf und Schwanz mit durchsichtigem Doppelklebeband zusammenkleben. Schnabel aus gelbem Papier ausschneiden und mit Doppelklebeband am Kopf befestigen. Körbchen wieder zwischen die Vogelhälften schieben und als Boden, der Standfestigkeit verleiht, mit Klebefilm am Wachspapier befestigen. Schraubdeckel mit Klebeband im Körbchen befestigen und Kerze darauf stellen.

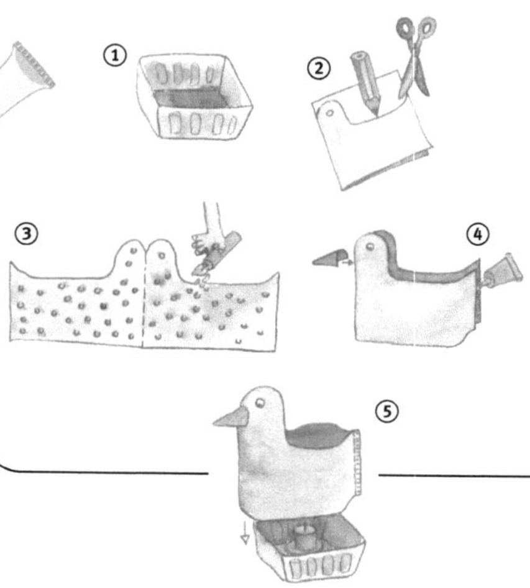

Laternenbild mit Zuckerkreiden-Technik

Hier kommt es darauf an, die Motive auf dunkelblaues oder schwarzes Papier zu malen, das schon die Dunkelheit und Nacht darstellt. Die Stärke des Tonpapiers ist notwendig für die nasse Technik, die Farben des Papiers heben den Charakter der Zuckerkreide hervor. Die Bilder bekommen eine plastische Wirkung.

Das brauchen Sie

Bunte Tafelkreide, Zucker-Raffinade, warmes Wasser, dunkles (oder schwarzes) Tonpapier, mindestens DIN A3-Format.

So wird's gemacht

Zur Vorbereitung lösen Sie etwa drei Esslöffel Zucker in einem Becher oder einem Schälchen, gefüllt mit warmem Wasser, auf. Stellen Sie dann die Kreide hinein und lassen Sie sie etwa 10 Minuten einweichen; die Kreide bleibt dabei als Stück erhalten! Die Kinder malen mit den nassen Kreidestücken die gewählten Motive. Dabei kann auch z. B. mit weißer Kreide über andere Farben gemalt werden. In jedem Fall entsteht dann durch das Trocknen der Kreide ein heller, pudriger Effekt auf dem dunklen Untergrund.
Gemeinschaftsarbeit: Mit den oben genannten Techniken ließe sich jeweils ein langes Fries gestalten, das den Martinsumzug darstellt.
Jedes Kind malt sich mit seiner Laterne, ein Kind malt zusätzlich noch St. Martin mit dem Pferd. Die einzelnen Bilder werden aneinandergeklebt und zu einem langen Martinszug aufgehängt.

Mondlaterne

Besonders stimmungsvoll sind die Mondlaternen, wenn sie an einem Zweig hängend in den Abendhimmel leuchten.

Das braucht man

1 durchsichtige Röhre aus Verpackungsmaterial (Konfektverpackung ohne Deckel) oder eine Plastikschüssel vom Salatbuffet (Boden) und eine steife Klarsichtfolie darum. 1 Bogen Zeichenpapier DIN A3, Klebefilm, durchsichtiges Doppelklebeband, Kleister, Pergamentpapier (Drachenpapier) in Gelb und Reste von Rot und Braun, Schere, Kleber, Blumendraht. Für die Beleuchtung: Teelicht, Kerze, Doppelklebeband.

So wird's gemacht

Eine kreisförmige Papierschablone ausschneiden, die um die Röhre gelegt noch handbreit übersteht. Aus gelbem Pergamentpapier große Stücke reißen und einander überlappend auf einen glatten Untergrund kleben (Resopal, Glas, Folie). Darauf achten, dass die Fläche größer als die Papierschablone ist! Trocknen lassen und dann das Papier vom Untergrund lösen. Mit Hilfe der Schablone einen Kreis aus dem gelben Papier schneiden. Gelben Kreis mit durchsichtigem Doppelklebeband mittig auf der Röhre befestigen und überstehende Kreishälften hinter der Röhre mit Kleister zusammenkleben. Aus dem restlichen Papier eine Nase mit Klebelaschen ausschneiden und auf das Mondgesicht kleben. Aus rotem Pergamentpapier Mund und Backen und aus braunem Papier Augen reißen und auf dem Mond anbringen. Mit Klebefilm Stellen verstärken, wo der Haltedraht durchgeführt wird, Draht am Lampion befestigen.

Tipp zur Beleuchtung: Teelicht mit Doppelklebeband auf dem Boden befestigen, Teelicht anzünden und in das flüssige Wachs Kerze stellen.

Musizieren und Tanzen

Laternentanz

Bei diesem Tanz erleben die Kinder die Faszination des Lichts und der Dunkelheit. Die langsame, ruhige Bewegung zur Musik und die erforderliche Konzentration auf die Laterne führt die Kinder zur Ruhe. Vor allem wenn der Tanz wiederholt wird, kann sich der meditative Charakter voll entfalten.

▶ Raumgestaltung

Raum abdunkeln, einige Laternen sind zur Beleuchtung aufgestellt. Mit Klebepunkten Kreis auf dem Boden markieren.

▶ Musikempfehlung

Einige Passagen der Feuerwerksmusik D-Dur von G.F. Händel, aber auch jede andere Musik, die Gehschritte ermöglicht.

▶ Choreographie

Die Kinder halten sich zunächst im Flur auf. Ein Helfer entzündet das Licht der ersten Laterne. Er übergibt sie einem Kind, das sich im Raum einen Platz im Kreis sucht. Die anderen Laternenkinder folgen nach, bis sich der Kreis schließt.

▶ Tanzfiguren

Gehen auf der Kreislinie.
Alle wenden sich zur Kreismitte, vier Schritte zur Mitte gehen und dabei die Laternen langsam heben.
Mit vier Schritten rückwärts wieder auf den Platz gehen und dabei die Laternen langsam senken. Alle machen auf der Stelle mit vier Schritten eine ganze Drehung links herum.
Laterne nach rechts, dann nach links schwenken.
Paarweise durch die Kreismitte gehen und erneut Kreis bilden.
Einige Schritte in die Mitte gehen und Laternen zu einem Lichterkranz emporheben.
Bei Wiederholung des Tanzes halbe Drehung links herum zum Ausgangspunkt gehen.
Alle machen auf der Stelle mit zwei Schritten eine halbe Drehung rechts herum.
Tipp: Der Tanz sollte zunächst ohne angezündete Laternen durchgeführt werden. Die Kinder sollten dennoch so sorgsam mit den Laternen umgehen, als wären sie schon angezündet. Beim Tanz mit angezündeten Kerzen stets Wasser oder Sand für eventuelle Zwischenfälle bereithalten.

Martin ist ein frommer Mann

Sechstonweise aus Thüringen

2. Martin, Martin
 Martin ist ein frommer Mann.
 Stimmt ihm frohe Lieder an,
 dass er oben hören kann,
 was er Gutes hat getan.

Ich geh mit meiner Laterne

aus Holstein

2. Ich geh …
 Der Martinsmann, der zieht voran.
 Rabimmel …

3. Ich geh …
 Wie schön das klingt, wenn jeder singt.
 Rabimmel …

4. Ich geh …
   Ein Kuchenduft liegt in der Luft.
   Rabimmel …

5. Ich geh …
   Beschenkt uns heut, ihr lieben Leut.
   Rabimmel …

6. Ich geh …
   Mein Licht ist aus, ich geh nach Haus.
   Rabimmel …

Meine Laterne

Text und Musik: Ilse Jung

2. Du bist so hell wie Sterne,
   wie Sonne und auch Mond.
   Es soll dich jeder sehen,
   der in der Straße wohnt.

3. Der Wind, der lässt dich schweben,
   ganz leis und leicht vor mir,
   was kann es Schönres geben,
   die Füße folgen dir.

4. Du wärmst mit deinem Leuchten,
   bis wir am Feuer stehn.
   Ich nehm dich mit nach Hause,
   möchte dich noch lange sehn.

5. Vielleicht hast du ein wenig
   die Herzen froh gemacht,
   so wie St. Martins Leben
   hat vielen Mut gemacht.

Aus: Abends, wenn es dunkel wird – 126 Martins- und Laternenlieder, Hrsg.: Ilse Jung, Medienverband der Ev. Kirche im Rheinland e.V.,

Backen zu St. Martin

Martinsbrötchen

Zutaten für den Quarkölteig

200 g Magerquark, 1 Prise Salz, 6 El Milch, 100 g Zucker, 1 Ei, 6 El Öl, 400 g Mehl, 1 Päckchen Backpulver, Rosinen nach Wunsch, zum Bestreichen ein Eigelb, zum Belegen des Blechs Backtrennpapier.

Zubereitung

Den Quark mit Salz, Milch, Öl, Ei und Zucker in einer Schüssel glatt rühren. Nach Wunsch Rosinen zugeben. Die Hälfte des Mehls mit dem Backpulver zu der Quarkmasse sieben und unterrühren, das restliche Mehl mit den Händen unterkneten.
So werden die Brötchen gemacht: Aus dem Teig kleine Brötchen formen, evtl. mit Messerrücken in der Mitte einkerben, auf Backtrennpapier legen, mit Eigelb bestreichen. Backzeit: 15 – 20 Minuten, Backtemperatur: 190 Grad. Mit Hölzchen oder Stricknadel Garprobe machen!

Martinsmänner

Zutaten und Zubereitung vom Quarkölteig, siehe Martinsbrötchen.

Zum Dekorieren

Rosinen, Orangeat, tönerne Pfeife oder Zweiglein.

So wird der Martinsmann geformt

Mit dem Messer ein Stück Teig in der gewünschten Größe abtrennen und mit dem Teigroller ausrollen und eine Menschengestalt formen. Den Martinsmann mit Rosinen als Augen, Orangeat als Mund und Nase versehen. Auf ein mit Backtrennpapier belegtes Blech legen, mit Eigelb bestreichen und bei 190 Grad 15 – 20 Minuten backen. Mit einer Pfeife oder einem Zweiglein unter dem Arm dekorieren.

Martinsgans

Zutaten und Zubereitung vom Quarkölteig, siehe Martinsbrötchen.

Das braucht man

Schablone für eine große oder mehrere kleine Gänse aus Pappe, wobei der Flügel aus einer gesonderten Schablone hergestellt wird.

So wird die Gans geformt

Teig ca. 2 cm dick ausrollen, Schablone der Gans und des Flügels auf den Teig legen und mit dem Messer Form ausschneiden.
Gans auf das Backtrennpapier legen, Flügel an der Unterseite mit Eiweiß bestreichen und auf den Ganskörper kleben. Rosine als Auge eindrücken. Mit dem Messer können die Flügel noch verziert werden. Gans mit Eigelb bestreichen und bei 190 Grad 15 – 20 Minuten backen.

NIKOLAUS

Einleitung

Nikolaus – Bischof von Myra

Nikolaus wurde um das Jahr 270 in Patara als Sohn wohlhabender und gütiger Eltern geboren. Er wurde im christlichen Glauben erzogen und genoss eine gute Schulbildung. Schon in jungen Jahren verlor er seine Eltern. Das Vermögen, das sie ihm hinterließen, verteilte er an die Armen und Hilfsbedürftigen. Nikolaus fühlte sich zum Priesteramt berufen und erhielt dafür die Weihe. Er wurde Abt im Kloster seines Onkels und machte nach dessen Tod eine Wallfahrt ins Heilige Land. Als er in seine Heimat zurückkam, wurde für den verstorbenen Bischof von Myra ein Nachfolger gesucht. Die Legende erzählt, dass der Priester, der als erster am Morgen die Kirche betrete, zum Bischof gewählt werden sollte. Und das war Nikolaus.

Zu seiner Zeit wurden die Christen verfolgt und Nikolaus geriet in Gefangenschaft. Nachdem Kaiser Konstantin das Christentum als Staatsreligion einführte, konnte Nikolaus sein Bischofsamt wieder aufnehmen. Viele Legenden rühmen die guten Taten des Nikolaus zu seinen Lebzeiten. So rettete er ein Kleinkind aus kochendem Badewasser, erweckte drei Schüler, die von einem geldgierigen Wirt geschlagen und in Fässern eingepökelt waren. Er verhinderte die Hinrichtung dreier Unschuldiger und befreite drei Feldherren, indem er Kaiser Konstantin im Traum erschien, worauf dieser die Feldherrn freiließ. Während einer Hungersnot bat er den Kapitän, eines mit Getreide beladenen Schiffes, um Kornsäcke für das Volk. Der Kapitän ließ sich erweichen und als die Schiffe weiterfuhren, fehlt dennoch nichts an der Ladung.

Nikolaus starb Mitte des 4. Jahrhunderts im hohen Alter. Die spätere Verehrung des Heiligen stützt sich auf den Tag seines Todes, nämlich auf den 6. Dezember. Bestattet wurde der Bischof in der Martyrionkirche von Myra, die über Märtyrergräbern aus der Zeit der Christenverfolgung errichtet wurde. Spätere Generationen bauten die Kirche zur Nikolausbasilika aus. Myra, das heutige Demre, liegt in der Süd-West-Türkei. Gläubige aus dem ganzen Land verehrten Nikolaus und pilgerten zu seinem Grab. Jahrhunderte lang wachten Mönche am Sarkophag des Nikolaus, wiesen die Pilger ein und sorgten dafür, dass das ewige Licht nicht erlosch.

Im 11. Jahrhundert eroberten jedoch Muslime Kleinasien und zogen plündernd durch Lykien. Dabei gelang es Kaufleuten von Bari, sich in den Besitz der Gebeine des Heiligen zu bringen. Sie brachten die sterblichen Überreste in ihre Heimat. Dort wurden sie zuerst in der Eliaskirche aufbewahrt, bis sie dann in der neu erbauten Nikolaus-Basilika ihre letzte Ruhe fanden. Bari stieg zum Wallfahrtsort auf und der Ruhm der Stadt und ihres Heiligen verbreitete sich über das gesamte Abendland.

Festgestaltung

Die traditionelle Form der Nikolausfeier findet mit dem Besuch des Bischof Nikolaus in den jeweiligen Gruppen der Kita statt. Hier können die Kinder in trauter Runde und Umgebung dem Nikolaus freudig begegnen. Die Eltern mit einzuladen, bietet die Gelegenheit, diese in die Kita-Gemeinschaft einzubeziehen. Teilweise sind die Eltern verunsichert durch ihre eigenen Kindheitserlebnisse mit einem strafenden Nikolaus und so können sie erleben, wie schön altes Brauchtum im christlichen Sinne zelebriert werden kann.

Es stellt sich auch die große Frage: Kommt der Krampus mit in die Gruppe? – Oder wartet er draußen vor der Haustüre, darf er vielleicht sogar bis zur Gruppentüre mitkommen, muss aber dann im Flur warten? Vielleicht reicht es den Kindern, wenn sie ihn mit einem Blick durch das Fenster erhaschen können. Evtl. ist es sinnvoll, sie in keiner Weise mit dieser Schreckensgestalt zu konfrontieren. Die Kinder sollten zu diesem Thema ein Mitspracherecht haben. Kommt der Bösewicht mit, muss der Hl. Nikolaus mit Worten und Gesten deutlich machen, dass dieser ihm Untertan ist und ihm gehorcht. Behutsam muss auch der Text für den Nikolaus an die Kindergruppe zusammengestellt sein und es muss wohl überlegt werden, was er jedem Kind zu sagen hat. Wir empfehlen nur Positives an das einzelne Kind zu richten, wenn Ermahnungen nicht zu vermeiden sind, dann nur pauschal an die ganze Gruppe gerichtet.

▶ St. Nikolaus kommt in die Kindergruppe

Die Kinder können den Besuch des Hl. Nikolaus kaum mehr erwarten. Alle haben sich fein gemacht und sind in ihrer schönsten Kleidung in die Kita gekommen. – Ein Knistern liegt in der Luft. »Brav« und »ordentlich« folgen sie allen Anweisungen, wenn es zum Beispiel um die Vorbereitungen geht. Gemeinsam stellen sie die Stühle im Halbkreis auf und lassen dabei einen Weg für den Nikolaus frei. Sein geschmückter Thron wird gegenüber platziert. Die Tische bilden eine lange Tafel. Kleine Laternen strahlen mit zartem Schein eine wohlige Gemütlichkeit aus. Äpfel, Nüsse und Mandarinen liegen als Band aufgereiht auf den Tischen zur Dekoration, dürfen dann aber beim lukullischen Teil vernascht werden. Draußen wird es inzwischen dämmrig. Sind alle kleinen Lichter im Raum und eine Kerze am Adventskranz angezündet, schließen die Kinder die Vorhänge. Nun schnell noch die Namensschilder angesteckt, damit der Nikolaus alle Kinder persönlich beim Namen nennen kann. Die Aufregung legt sich etwas mit der Wiederholung aller Lieder und Gedichte. Der letzte Vers ist noch nicht ganz beendet, da hört man von draußen ein Rasseln und Poltern. »Hat er ihn doch mitgebracht!«, ruft ein Kind aufgeregt und meint damit den Krampus. Natürlich bleiben die Kinder bei dem Entschluss den Wilden nicht herein zu lassen. Die Erzieherin hebt den Vorhang am Fenster etwas zur Seite und schon ist der Krampus zu sehen – und das reicht dann auch allen Kindern!

Vornehm klopft der Hl. Nikolaus an die Türe. Eine Erzieherin öffnet ihm und bittet ihn herein. Feierlich betritt er den Raum, nickt in die Runde und begrüßt die Kinderschar. Der Nikolaus ist nun nicht mehr Legende, er steht leibhaftig vor den Kindern. Die Erzieherin übernimmt die Begrüßung im Namen aller. Zwei Mädchen und zwei Jungen helfen, die Geschenke vom Flur hereinzutragen. Würdevoll nimmt der Hl. Nikolaus auf seinem Thron Platz und bedankt sich für die schöne Einladungskarte der Kinder. Er bewundert den geschmückten Raum und seinen Thron. Für eine Weile darf ein Kind den Bischofsstab halten, ein anderes das goldene Buch, dann wird abgewechselt. Der Nikolaus erzählt aus seinem Leben als Bischof von Myra und stellt einen Bezug zu seiner Kleidung her. Mit roten Backen und strahlenden Augen singen die Kinder ihre Lieder und tragen ihre Gedichte vor, ohne den Blick von St. Nikolaus zu wenden. Ein persönliches Gespräch über die Ereignisse in der Gruppe lässt die Jungen und Mädchen staunen »Woher weiß der Nikolaus das?« – »Hat er das alles selbst gesehen?« »Kann er wirklich alles wissen?« Als der Hl. Nikolaus aus seinem goldenen Buch jedem einzelnen Kind eine Seite widmet, wird es schon sehr persönlich. Mehr oder weniger mutig geht jedes Kind auf den Nikolaus zu und nimmt sein Säckchen in Empfang. – Kein Kind vergisst Danke zu sagen. Zum Schluss richtet er persönliche Worte an die Erzieherinnen.

Der Nikolaus verabschiedet sich und verspricht nächstes Jahr wiederzukommen. Mutig überreicht ein Kind dem Nikolaus ein selbst hergestelltes Geschenk der Gruppe. Zur Erinnerung scharen sich alle Kinder um den Nikolaus und lassen sich mit ihm fotografieren. Die Feier klingt in beschaulicher Runde aus, bei Lebkuchen, Plätzchen, Nüssen, heißer Schokolade, Tee oder Kinderpunsch.

▶ Nikolaus kommt heimlich nachts

Vielleicht ist es in Ihrer Kita der Fall, dass der Nikolaus nahezu in jede Familie kommt. Demzufolge kommt der Hl. Nikolaus in der Nacht vom 5. auf den 6. Dezember nur heimlich in die Gruppen. Zur Freude und Überraschung der Kinder hinterlässt er einen Brief und einen Sack voller Geschenke. Er trinkt das Glas Milch, welches ihm die Kinder hergerichtet haben und sein Pferd freut sich über das Heu, das die Kinder vom Garten aufbewahrt haben. Beim Verlassen der Kita hat es Nikolaus etwas eilig und so verliert er noch ein paar Nüsse und Äpfel, die die Kinder in der Früh als Spur zum Geschenk verfolgen.

Bei einer kleinen Feier werden im dekorierten und mit Kerzenschein erleuchteten Zimmer die Süßigkeiten und Früchte aus dem Sack verspeist, Nikolauslieder gesungen und Gedichte aufgesagt. Auch ein Dankesbrief an den Nikolaus werden die Kinder schreiben oder malen, denn sie freuen sich sehr über die prall gefüllten Säckchen, die sie nach Hause mitnehmen können.

▶ Nikolaus im Wald

Eine märchenhafte und romantische Weise den Nikolaustag zu gestalten, ist eine Begegnung mit dem Hl. Nikolaus im Wald. Dabei entdecken die Kinder allerlei geheimnisvolle Spuren und erleben den Nikolaus von einer ganz anderen Seite.

Wie in früheren Zeiten kann der Nikolaus ein Tier mit sich führen. Je nach Gegend wird er begleitet von einem Esel, einem Schimmel oder einer Geiß. Schön wäre es auch, er käme in einer Kutsche durch den Wald.

Also, ziehen wir uns warm an und packen den Handwagen. Für den Nikolaus haben alle ein liebevolles Geschenk gebastelt, für die Rehe im Herbst einen kleinen Sack Kastanien gesammelt und für die Kinder muss heißer Tee mit. Der Weg durch den Wald dauert nicht lange, denn es gibt immer wieder etwas Schönes und vor allem Spuren zu entdecken, die auf die Begegnung mit dem Heiligen hindeuten. Plötzlich hören wir ein Pferd wiehern und Glöckchen bimmeln. – Und endlich sehen wir den Bischof Nikolaus, hoch zu Ross uns würdevoll zuwinkend. – Ein bezaubernder, märchenhafter Anblick! – Die Kinder scharen sich um ihn und lauschen seinen Worten. Ein kleines Gespräch entwickelt sich. Lieder und Gedichte kommen zum Einsatz, freudig nehmen die Kinder ihre Geschenke entgegen und genießen die Leckereien. Verzaubert winken sie dem Nikolaus zum Abschied, bis er ihren Blicken im tiefen Wald entschwindet. Falls Sie keinen Nikolaus in den Wald bestellen können, legen Sie mit Äpfeln und Nüssen Spuren auf den Weg. Diese führt die Kinder zu einer Futterkrippe, wo sie ein Sack mit Geschenken und ein Brief vom Nikolaus erwartet. Für die Kinder ist es fast so, als wären sie dem Nikolaus selbst begegnet.

Nikolauslegenden

Die drei Goldsäcklein

Heute erzähle ich euch eine Geschichte, die sich in der Stadt Patara zugetragen hat. Nikolaus wurde als Sohn wohlhabender und gütiger Eltern geboren. Bereits im Alter von sechzehn Jahren verlor er seine geliebten Eltern. Sie hinterließen ihm ein großes Haus, und alles Gold und Geld, das sie besessen hatten, gehörte ihm. Obwohl er nun reich war und sich ein angenehmes Leben leisten konnte, verteilte er alles, was er hatte, an die Armen und Hilfsbedürftigen. Seine besondere Liebe galt den Kindern, für die er immer etwas in den Taschen hatte.

In der Straße, wo Nikolaus sein Haus hatte, wohnte auch ein Mann mit seinen drei Töchtern. Der Mann hatte seinen gesamten Reichtum verloren und war nun sehr arm. Um

Essensvorräte und Kleidung zu kaufen, musste er Schulden machen. Auch konnte er für seine Töchter nicht all das kaufen, was man als Aussteuer für eine Ehe braucht: Möbel, Töpfe, Schüsseln, Decken und anderes mehr. Das bereitete dem Vater großen Kummer und oft jammerte er »Was würde wohl euer Mann sagen, wenn ihr mit leeren Händen in sein Haus zieht? Ich kann euch nichts mitgeben, außer den Kleidern, die ihr am Körper tragt! Es wird mir nichts anderes übrig bleiben, als euch an einen reichen Herrn als Dienerinnen zu verkaufen!« Da der Mann seine Töchter aber über alles liebte, erfüllte dieser Gedanke sein Herz mit großer Traurigkeit.

Als Nikolaus wieder einmal in der Stadt unterwegs war, sah er, wie sein Nachbar des Weges kam. Nikolaus spürte, dass der Mann voller Sorge war und sprach ihn deshalb an: »Wie geht es dir? Hast du Kummer?« Der Mann war froh, dass er Nikolaus von seinen Sorgen erzählen konnte und klagte ihm sein Leid.

Nikolaus war voller Mitleid mit ihm und seiner Familie und er überlegte, wie er wohl helfen könne. Im Moment konnte er ihm nur ein wenig Trost spenden und er umarmte ihn freundschaftlich.

Nachts, als alles in der Stadt bereits schlief, schlich er sich unbemerkt zum Haus des Mannes und warf durch das offene Fenster einen Beutel in das Zimmer der ältesten Tochter. Als diese ihn am nächsten Morgen fand und öffnete, waren darin lauter Goldmünzen. Sofort lief sie zum Vater und ihren Schwestern und erzählte ihnen von ihrem Fund. Voller Freude nahm der Vater seine Tochter in die Arme und sagte zu ihr: »Nun kannst du heiraten. Du hast am längsten warten müssen! Endlich kann ich auch einen Teil meiner Schulden zurückzahlen!«

In der nächsten Nacht fand auch die zweite Tochter einen Beutel mit Goldmünzen in ihrem Schlafzimmer und auch sie konnte eine fröhliche Hochzeit feiern.

In der folgenden Nacht machte sich Nikolaus nochmals auf den Weg zum Haus des Mannes. Dieses Mal wollte der Vater herausfinden, wem sie ihr Glück zu verdanken hatten. Er beschloss, auf alle Fälle wach zu bleiben und sich hinter dem Schrank im Flur zu verstecken. Lange stand er da und starrte in die Dunkelheit, doch dann wurde er sehr müde und nickte ein. Plötzlich schreckte er auf, war da nicht ein Geräusch? Dann sah er, wie Nikolaus durch den Flur schlich und leise durch die Tür verschwand. Ungläubig fragte er sich: Habe ich das alle geträumt oder ist es wahr, was ich gesehen habe? Müde wie er war, schlief er bald darauf wieder ein.

Am nächsten Morgen weckten Sonnenstrahlen die jüngste Schwester auf. Als sie aus ihrem Bett kroch, entdeckte sie auf dem Fußboden ebenfalls einen Beutel mit Goldmünzen darin. Freudestrahlend lief sie zu ihrem Vater und zeigte ihm ihren Schatz. Nun wollte sie aber vom Vater unbedingt wissen, wem sie ihr Glück zu verdanken haben. Er erzählte ihr vom nächtlichen Besuch des Nikolaus und davon, dass er es war, der all Goldsäckchen ins Haus warf. Nun konnte der Mann alle seine Schulden zurückzahlen und die Münzen reichten auch noch für die Aussteuer und Hochzeitsfeier der jüngsten Tochter.

Legende »Das Kornwunder« mit Legematerial

Das braucht man

Teppichfliesen oder Sitzpolster, Tücher in blauer, brauner, gelber Farbe, Bausteine, Kieselsteine, Segelschiffchen, Boote, Getreidehalme, Säckchen gefüllt mit Körnern, Kaffeemühle mit Handbetrieb, Spielfiguren (Nikolaus, Kapitän, Matrosen, Bewohner der Stadt), Fladenbrot

Spielanregung

Die Kinder sitzen auf dem Boden im Kreis. In der Mitte liegt ein blaues Tuch. Um das Tuch ist noch genügend Platz für die weitere Gestaltung der Stadt, der Ackerfläche, des Brunnens. Das Material für die Gestaltung der Geschichte liegt in Reichweite des Erzählers. Nach kurzer Betrachtung des blauen Tuches tragen die Kinder ihre Assoziationen zusammen. »Was könnte das sein? An was erinnert euch die Farbe?« Die Kinder werden »Wasser, See oder Meer« antworten.

Am Meer liegt eine Stadt (mit Bausteinen einige Häuser bauen). In dieser Stadt gib es einen Hafen (mit Bausteinen Hafenmauer bauen und einige Boote dazu stellen). In dieser Stadt, die Myra genannt wird, lebt Bischof Nikolaus (Nikolausfigur zu einem Haus stellen). Vor der Stadt liegt ein Acker, auf dem Getreide wächst. Aus den Körnern mahlen die Menschen Mehl und backen daraus Brot (braunes Tuch als Ackerfläche, Getreidehalme darauf legen). Vor den Toren der Stadt gibt es auch einen Brunnen. Hier holen sich die Bewohner der Stadt frisches Wasser. (Aus Kieselsteinen Brunnen gestalten. Die Kinder überlegen, für was die Menschen

Wasser brauchen und stellen dies pantomimisch dar.) In diesem Sommer regnet es keinen Tropfen. Die Sonne brennt heiß vom Himmel und trocknet die Erde aus (mit gelbem Tuch Sonne gestalten). Die Kühe finden kein Gras und geben keine Milch mehr. Das Getreide verdorrt auf den Feldern (mit gelbem Tuch »Acker« bedecken). Es kann kein Getreide geerntet werden. Bald ist das ganze Korn aus den Vorratsspeichern aufgebraucht. Die Menschen können kein Brot mehr backen und haben großen Hunger.

Bischof Nikolaus (Nikolausfigur) geht am Abend oft durch die Straßen. Er hört das Weinen der Kinder und er spürt die Not der Menschen. Gerne würde er helfen, aber auch er hat kein Brot.

Eines Tages nähert sich ein Schiff dem Hafen. Es kommt aus Ägypten und ist auf dem Weg nach Konstantinopel, zur Stadt des Kaisers. Es ist voll mit Korn beladen (Segelschiff zum Hafen bewegen). Als die Menschen davon hören, laufen sie zum Hafen (Spielfiguren in das Hafengebiet stellen). Sie wollen dem Kapitän Korn abkaufen (Spielfigur Kapitän). Aber der Kapitän weigert sich, ihnen etwas zu geben. Er sagt: »Leute von Myra, das Korn ist nicht für euch bestimmt, sondern für die Kornkammern des Kaisers. Wenn auch nur ein Sack fehlt, werde ich bestraft. Wie soll ich euch da helfen?« Da der Kapitän nicht nachgibt, gehen die Leute zu Bischof Nikolaus und erzählen ihm davon (einige Spielfiguren zum Haus des Nikolaus stellen). Darauf begleitet sie Nikolaus zum Hafen (Figur des Nikolaus zum Kapitän stellen). Nikolaus geht zum Kapitän, doch dieser erklärt: »Es ist so, wie ich es den Leuten hier erzählt habe. Ich kann das Korn nicht verkaufen, da es dem Kaiser von Konstantinopel gehört. Dir wurde sicher berichtet, was mich erwartet, wenn ich es dennoch tue!« Nikolaus antwortet: »Kapitän du hast nichts zu fürchten. Verkaufe uns einige Säcke und ich verspreche dir, dass dir kein einziges Getreidekorn fehlen wird, wenn du in Konstantinopel eintriffst!« Der Kapitän sagt darauf etwas verwundert: »Gut, ich will dir trauen!« Er befiehlt den Matrosen, Säcke mit Korn abzuladen (Säckchen mit Körnern zum Schiff stellen). Nikolaus bedankt sich herzlich beim Kapitän für die großzügige Hilfe. Das Schiff verlässt den Hafen und fährt hinaus aufs weite Meer (Schiff über das blaue Tuch bewegen und von der Spielfläche nehmen). Nun können die Menschen aus den Körnern Mehl mahlen (Getreidekörner werden herumgereicht, befühlt und dann mit der Kaffeemühle zu Mehl gemahlen). Aus dem Mehl backen sie Brot; die Hungersnot hat ein Ende. Als es endlich regnet, reicht das Korn auch noch, um es auf dem Acker auszusäen (auf dem braunen Tuch Körner aussäen).

Als das Schiff Konstantinopel erreichte, war die Ladung tatsächlich um kein Gramm leichter geworden, so wie es Nikolaus vorausgesagt hatte. Der Handelsherr ließ die Säcke nachzählen und das Getreide sorgfältig nachwiegen. Es fehlte nichts! Bischof Nikolaus hatte in seiner großen Güte ein Wunder vollbracht, das sich bald überall herumsprach!

Vertiefung

Nehmen Sie ein Fladenbrot in die Hand, brechen Sie ein Stück davon ab und geben Sie das Brot weiter. Jedes Kind bricht sich nun ein Stück ab, bis alle davon haben. Nun bitten Sie die Kinder, möglichst die Augen zu schließen, den Brotduft aufzunehmen und das Brot zu kosten.
Fordern Sie dazu auf, das Brot ganz langsam zu essen, jeden Bissen zu genießen. Nachdem die Kinder die Augen wieder geöffnet haben, erzählen sie, wie ihnen das Brot geschmeckt hat.

Nikolauswerkstatt

Nikolaussteller aus Pappmachee

Material

Zeitungspapier in Schnipsel reißen, Schmuckpapier (z. B. Geschenkpapier, marmoriertes Papier), Tapetenkleister, Suppenteller, Frischhaltefolie, Schere

So wird's gemacht

Den Suppenteller bezieht man mit der Frischhaltefolie. Für die erste Schicht des Plätzchentellers tauchen die Kinder die Zeitungsschnipsel in Wasser und bedecken den Teller damit. Die Schnipsel müssen sich überlappen. Für die zweite und dritte Lage wird der Teller nun mit Kleister bestrichen und mit den Papierschnipseln beklebt. Die letzte Schicht bleibt sichtbar und wird nicht mehr mit Kleister bestrichen. Hier wird nun weißes oder Schmuckpapier verwendet, das ebenfalls in Schnipsel gerissen wurde.
Die Pappmacheeteller müssen einige Zeit mit dem »eingepackten« Suppenteller trocknen, damit sie die richtige Form annehmen. Sind sie gut durchgetrocknet, löst man sie vorsichtig von der Folie. Jetzt kann man die Pappmacheeteller noch weiter gestalten. Die Kinder können sie mit Mustern bemalen und in den Rand Zacken oder Wellen hineinschneiden.

Nikoläuse aus Salzteig

Diese Anhänger sind eine schöne Dekoration für Zweige, an Päckchen und Säckchen und können schon von den jüngeren Kindern leicht hergestellt werden. Denken Sie nur daran, rechtzeitig anzufangen, da der Teig, die Bemalung danach und eventuelles Lackieren Zeit brauchen.

Das wird gebraucht

150 g Mehl, 150 g Salz, 80 ml Wasser, Nikolaus- und Stiefelausstecher für Plätzchen (notfalls eine Schablone), Nudelholz, Stäbchen, Backpapier, weiße Deckfarbe, Wasserfarben, Klarlack, Schleifenband

So wird's gemacht

Mehl, Salz und Wasser vermischen und gut durchkneten. Teig ruhen lassen, damit sich das Salz auflösen kann. Teig auf ca. 10 mm ausrollen, Stiefel und Nikoläuse ausstechen, mit Stäbchen ein Loch für den Aufhänger durchbohren und auf das mit Backpapier ausgelegte Blech legen. Die Teigreste zusammenkneten, neu ausrollen und weitere Anhänger ausstechen, bis der Teig verbraucht ist.
Bei ca. 150 Grad für ca. 30 bis 40 Minuten im Backofen trocknen lassen. Fertig sind die Figuren erst, wenn der Teig richtig hart geworden ist. Danach auskühlen lassen.
Bemalen: Nikoläuse und Stiefel mit weißer Deckfarbe grundieren, danach mit Wasserfarben bemalen und trocknen lassen. Einen schönen Glanz und eine Fixierung erhält man mit Klarlack (wenn es schnell gehen muss mit Spray), Bänder durchziehen, verknoten und aufhängen.

Kette mit Zitrusfrüchten

Zur vorweihnachtlichen Zeit gehört auch der Duft von Orangen. Aufgefädelt auf einem Bindfaden sind sie zudem eine schöne Raumdekoration.

Das braucht man dazu

Orangen, kleine Obstmesser, Schneidebretter, Bindfaden, stumpfe Stopfnadel

So wird's gemacht

Orangen vorsichtig in Scheiben von 0,5 bis 1 cm schneiden und dann bei 50 Grad eineinhalb bis zwei Stunden im Elektroherd trocknen. Mit einer stumpfen Stopfnadel getrocknete Orangenscheiben auffädeln und Raum damit dekorieren.

Tannenzapfen als Fensterdekoration

Diese Dekoration ist nicht nur ein zauberhafter Blickfang sondern auch die richtige Einstimmung auf die Adventszeit.

Das braucht man dazu

Rotes Geschenkband 500 cm, 13 Tannenzapfen

So wird's gemacht

Schneiden Sie rote Geschenkbänder in unterschiedlichen Längen zu:
jeweils zwei Bänder zu 100 cm, 90 cm, 80 cm, 70 cm, 60 cm, 50 cm, und ein Band zu 40 cm. Die Zapfen werden einzeln an den Bändern befestigt und in Form eines Torbogens in das Fenster gehängt. Hübsch sieht auch eine Schleife aus, die oberhalb des Zapfens gebunden wird.

Nikolausstiefel aus Filz

Das braucht man

Pro Stiefel ca. 45 x 90 cm doppelt liegenden Filz, Filzreste, Borten (50 cm), evtl. Pailletten, Stoffkleber, Nähseide, Stecknadeln, Zackenschere. Für den Schnitt: dünnes Packpapier, Lineal, Bleistift, Schere.
Geräte: Bügeleisen, Nähmaschine.

Zuschnitt

Größe: Stiefelform ausschneiden und an der rückwärtigen Mitte im Stoffbruch anlegen, mit Stecknadeln befestigen.

So wird's gemacht

Stiefel 1 cm von den Kanten entfernt zusammennähen oder -kleben, Borte und Applikationen nach Belieben zur Verziehrung aufnähen oder -kleben.

Nikolaus aus Holz

Sägearbeit für etwas ältere Kinder. Die Nikoläuse sehen auf Tischen oder auf einer mit Moos und Tannenzapfen belegten Fensterbank sehr dekorativ aus.

Das braucht man dazu

Sperrholz, Laubsäge, Acryl-Mattfarbe oder andere Farben zum Holzbemalen oder Lasieren. Watte und Klebstoff. Dicker und dünner Pinsel, Papier, Bleistift, Schere, Schmirgelpapier, Holzleim.

So wird's gemacht

Nikolaus auf Papier zeichnen, ausschneiden und als Schablone auf das Sperrholz legen. Umrisse nachzeichnen und aussägen. Einen kleinen rechteckigen Sockel aussägen. Die Ränder mit Schmirgelpapier glätten. Den Nikolaus anmalen. Der Bart kann gemalt oder mit Watte angeklebt werden. Nach dem Trocknen der Farbe die Nikolausfigur mit dem Holzleim auf den Sockel kleben.

Nikolausbild mit Zuckerkreide

Das braucht man dazu

Bunte Tafelkreide, Zuckerraffinade, warmes Wasser, dunkelblaues Tonpapier, mindestens im DIN A3-Format

Vorbereitung

Lösen Sie etwa drei Esslöffel Zucker in einem Becher oder einem Schälchen gefüllt mit warmem Wasser auf. Stellen Sie dann die Kreide hinein und lassen Sie diese ein paar Minuten einweichen (sie kann aber auch länger liegen). Als Malgrund für dieses Motiv eignet sich sehr gut Tonpapier in dunklen Farben. Die Farben des Papiers heben den Charakter der Zuckerkreide deutlich hervor. Die Stärke des Tonpapiers ist notwendig für die nasse Technik.

So wird's gemacht

Die Kinder tragen mit der nassen Kreide das gewählte Motiv auf. Dabei kann z. B. auch mit weißer Kreide über andere Farben gemalt werden. In jedem Fall entsteht dann durch das Trocknen der Kreide ein heller, pudriger Effekt.

Apfelteelicht

Dieses Winterlicht ist eine hübsche und gut duftende Tischdekoration, die auch noch kurz vor dem Nikolausfest hergestellt werden kann. Nach dem Fest werden die Äpfel als Bratäpfel oder Kompott weiterverarbeitet.

Das braucht man dazu

Große Äpfel mit gutem Stand, Obstmesser, Teelichter.

So wird's gemacht

In den Apfel oben ein Loch in Größe eines Teelichts schneiden und in diese Öffnung das Teelicht hineinstellen.

Nikolausthron

Für den Nikolausbesuch wird mit den Kindern ein Thron hergerichtet.

Das wird gebraucht

Ein Armlehnstuhl, ein großes Tuch (Leintuch) oder Decke in Blau, Goldfolie, Mond- und Sternschablone, weiße Watte, Bleistift, Schere, doppelseitiges Klebeband.

So wird's gemacht

Das Tuch wird über einen Armlehnstuhl drapiert, danach zeichnen die Kinder mit einer Schablone Sterne auf die Goldfolie und schneiden sie aus. Die Watte wird in Flöckchen gezupft. Vom Klebeband kleine Stückchen abschneiden, auf die Rückseite der Sterne, Monde und Watteflöckchen kleben. Diese Verzierungen nach Belieben am Tuch anheften.

Singen und Musizieren

Wenn's schneit

2. Wenn's schneit …
   Dann kann man durch die Straßen gehn
   und all die schönen Lichter sehn.
   Wenn's schneit …

3. Wenn's schneit …
   Dann riecht es, ach so wundersam,
   nach Plätzchen und nach Marzipan.
   Wenn's schneit …

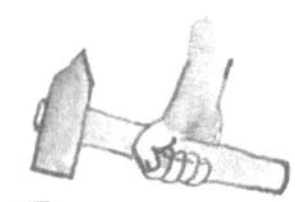

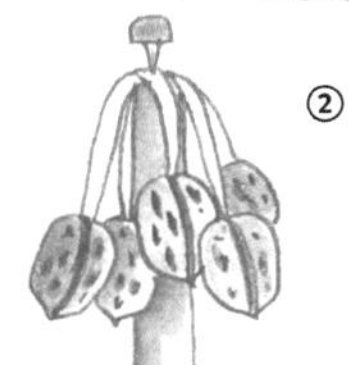

Nussrassel

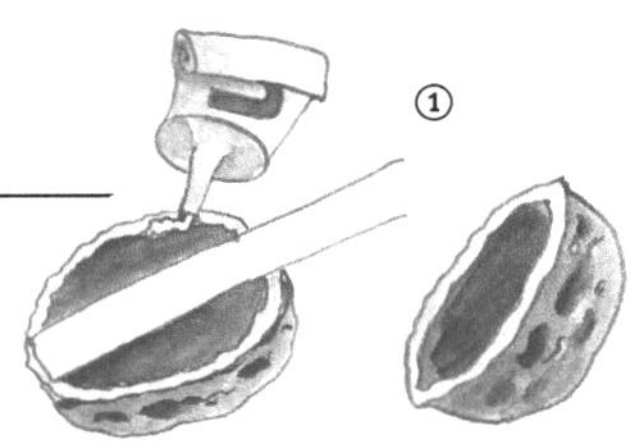

Das braucht man

6 Walnüsse, Messer, Klebstoff, Geschenkband 6 x 15 cm, Schere, 1 Polsternagel (Eisenwarengeschäft), 1 Rundholz von 10 bis 12 mm Durchmesser und 35 cm lang, Hammer.

So wird's gemacht

Schalen der Nüsse vorsichtig öffnen, Nüsse entfernen und die jeweils zusammengehörenden Hälften nebeneinander legen. Rand einer Nusshälfte mit Klebstoff bestreichen, Geschenkband auf die Schale legen und zweite Schalenhälfte auf die erste drücken. Mit den anderen fünf Nüssen ebenso verfahren. Dann Geschenkbänder übereinander legen und oben auf dem Rundholz festnageln.

Niko-, Niko-, Nikolaus

Text und Musik: Stephen Janetzko, © Edition SEEBÄR-Musik, www.kinderlieder-und-mehr.de

2. Auf dem Rücken huckepack, trägst du einen schweren Sack.
Du hast – das gefällt mir auch – einen kugelrunden Bauch.
Schöne Sachen bringt du mit, machst uns großen Appetit.
Apfelsine, Haselnuss sind für uns ein Hochgenuss.
Niko-, Niko- Nikolaus ...

3. Dann zum Abschied winkst du mir, sagst, bald bist du wieder hier.
Doch, das dauert glatt ein Jahr, dann erst bist du wieder da!
Kalt ist dir von Kopf bis Zeh, du ziehst weiter durch den Schnee.
Und wir singen dir ein Lied – alle singen ganz laut mit:
Niko-, Niko – Nikolaus ...

Nikolausbackstube

Schokobrot

Ein Blechkuchen, der vielfältig verziert werden kann. Beispielsweise mit Schokoguss überziehen, mit bunten Zucker- und Schokostreuseln, verschiedenen Nüssen, Orangeat- und Zitronatwürfeln bestreuen und in kleine Quadrate, Rechtecke oder Rauten schneiden. Sehr dekorativ ist es, das ganze Blech als Bild zu gestalten. Dazu mit Zuckerguss oder Zuckerschrift Nikolaus, Nikolausstiefel, Mond und Sterne aufmalen.

Zutaten

6 Eier, 250 g Zucker, 250 g Butter, 100 g Mehl, 250 g gemahlene Nüsse, 50 g Kakao, Schokoguss und Verzierung

So wird's gemacht

Eier, Butter und Zucker schaumig rühren, Mehl und Kakao nach und nach hinzugeben, Nüsse unterrühren. Teig auf ein gefettetes und bemehltes Backblech streichen. Bei 180 Grad (Umluft) ca. 20 bis 30 Minuten backen. Erkalten lassen und verzieren. Grundteig ist mit Zimt oder Lebkuchengewürz abwandelbar.

Schoko-Früchte

Zutaten

Obst der Saison, wie Feigen, Mandarinen, Äpfel, Bananen, weiße, helle oder dunkle Kuvertüre, Zitrone, Zahnstocher oder Schaschlikspieße, Styroporplatte zum Aufstecken der kuvertierten Obststücke

So wird's gemacht

Obst waschen, mit Küchenkrepp gut abtrocknen. Früchte eventuell in kleine Stücke schneiden. Äpfel und Bananen mit Zitrone beträufeln, damit das Fruchtfleisch nicht braun wird. Kuvertüre in Wasserbad langsam schmelzen lassen. Die Früchte aufspießen und in Kuvertüre tauchen. Zum Trocknen Spieße auf Styroporplatte stecken.

Bratäpfel

Zutaten pro Bratapfel

Je 1 Tl gemahlene Haselnüsse, rote Marmelade, Zucker, Rosinen (evtl. Vanillesauce), Materialien: 1 Apfelausstecher, Alufolie etwa 15 x 15 cm.

Zubereitung

Äpfel gründlich waschen, abtrocknen und Gehäuse mit dem Ausstecher entfernen. Äpfel auf die Folie legen und abwechselnd mit Haselnüssen, Marmelade, Zucker und Rosinen füllen. Ecken der Folie anheben, zusammendrehen und mit den Äpfeln auf das Backblech stellen. Bei etwa 250 Grad Äpfel 35 bis 45 Minuten braten. Wer mag, kann Vanillesauce oder Vanilleeis dazu reichen.

Lebkuchen – Grundrezept

Dieses Rezept eignet sich gut, um ein ganzes Backblech mit Lebkuchen zu allen Themen rund um Nikolaus herzustellen.

Zutaten für ein Blech

100 g Butter oder Margarine, 100 g brauner Zucker, 100 g dunkler Zuckerrübensirup, 2 große Eier, 500 g Mehl, 1 Tl Natron, 1 Tl Backpulver, 2 Tl Lebkuchengewürz, 1 Tl Zimt

So wird's gemacht

Fett, Zucker, Sirup und Eier gut verrühren, Mehl, Backpulver, Gewürze und Natron untermischen und gut verkneten. In Folie gewickelt im Kühlschrank ca. 2 Stunden ruhen lassen.

Teig ausrollen, auf ein mit Backpapier belegtes Blech legen oder Figuren ausschneiden und auflegen. Bei 180 Grad (Umluft) ca. 15 Minuten backen. Auskühlen lassen und nach Herzenslust verzieren.

KINDER FEIERN ADVENT

Einleitung

Dezemberbräuche

▶ Adventskranz

Traditionell ist der Adventskranz aus duftenden Tannenzweigen gebunden und mit vier Kerzen geschmückt. An den vier Sonntagen vor Weihnachten wird stets eine weitere Kerze angezündet. Dadurch wird der Zeitraum des Wartens auf das Christkind überschaubar. Das Kerzenlicht symbolisiert das Kommen des »Lichtes der Welt«, das Kommen des Erlösers. Der Kranz, der ohne Anfang und Ende ist, symbolisiert Gott, der immer war und immer sein wird.

▶ Adventskalender

Die Frage »Wie lange dauert es noch bis Weihnachten?« hat erfindungsreiche Eltern auf die Idee von Adventskalendern gebracht. Anfang des 20. Jahrhunderts erschienen die ersten gedruckten im Verkauf. Heute sind in den Familien die klassischen Türchenkalender mit Bildern und Süßigkeiten darin beliebt. In den Kitas gibt es kleine nummerierte Säckchen oder Schachteln mit allerlei Überraschungen. Das Öffnen wird zum täglichen Ritual und voller Spannung und Freude von den Kindern erwartet. Pädagogisch wertvoll sind symbolische Adventskalender, die jeden Tag schöner, vollkommener oder heller werden: Zum Beispiel erleuchtet jeden Tag ein weiteres kleines Adventshaus im Kerzenschein, bis schließlich 24 Häuser eine hell erleuchtete Straße bilden.

▶ Engel

Zur Weihnachtszeit erfreuen uns Engel als Raum- und Baumschmuck, als Motiv für Lebkuchen und als Schmuck auf Weihnachtskarten, als Begleiter des Heiligen Nikolaus oder bei Krippenspielen. »Engel« aus dem griechischen »angelos« übersetzt, heißt »Bote«. Engel übermitteln den Menschen die Botschaften Gottes. So wie einst der Engel Gabriel Maria die Botschaft brachte, dass sie ein Kind, Gottes Sohn, zur Welt bringen werde und Engel verkündeten die Nachricht von Jesu Geburt. Josef folgte dem Ruf eines Engels, der ihm im Traum erschien und floh nach Ägypten, um seine Familie mit dem neugeborenen Kind vor dem Zugriff des Herodes zu schützen.

▶ Sterne

Das Sternenmotiv begegnet uns in der Weihnachtszeit als Raumdekoration, auf Weihnachtskarten oder in Form von Gebäck.

Sterne sind ein Wunder der Schöpfung und haben in der Weihnachtsbotschaft eine ganz besondere Bedeutung, sie weisen mit ihrem Licht den Weg durch die Dunkelheit. Ein ganz besonderer Stern mit Schweif, der Stern von Betlehem, führte die Hirten, wie auch die Heiligen Drei Könige zum göttlichen Kind im Stall. Symbolisch steht dieser Stern für Jesus als Licht der Welt.

▶ Weihnachtsbaum

Für viele Christen ist ein Weihnachtsfest ohne Christbaum undenkbar. Ein immergrüner Nadelbaum steht als Zeichen der Hoffnung und des Lebens. Bereits aus dem Jahre 1597 ist bekannt, dass im Elsass ein Baum mit Äpfeln und Süßigkeiten behängt in der Wohnstube aufgestellt wurde.

Im 19. Jahrhundert verbreitete sich der Brauch, geschmückte Bäume mit brennenden Kerzen in Wohnräumen aufzustellen.

▶ Weihnachtsfest

Im Laufe der Zeit setzte sich in allen Bevölkerungsschichten das Weihnachtsfest als privates Familienfest durch. Dazu gehören der Besuch der Christmette, ein festliches Essen und geheimnisvoll verpackte Geschenke unter einem geschmückten Baum.

▶ Jesu Geburt

Vor etwas mehr als zweitausend Jahren, ein konkretes Datum ist nicht bekannt, wird Jesus Christus in einem Stall zu Betlehem von Maria geboren und in eine Krippe gelegt. Ein großer Stern mit Schweif macht die Hirten der Umgebung auf dieses Ereignis aufmerksam, so wie auch die drei Weisen aus dem Morgenland. Das kleine Kind wird als der neue Messias und Retter der Menschheit erkannt.

▶ Die Heiligen Drei Könige und das Dreikönigsfest

Drei Weise, als die Heiligen Drei Könige benannt, kommen aus dem Morgenland. Dort deuten sie im Erscheinen eines hellen Sterns die Geburt eines neuen Königs und machen sich auf den Weg zu ihm. Die Geschenke der Könige weisen symbolisch auf Jesus hin: Gold als Zeichen der Königswürde Jesu, Weihrauch als Sinnbild der Gottesverehrung und Myrrhe (geweihtes Duftöl) auf den sterblichen Menschen Jesu. Caspar bringt als junger Mohr Myrrhe. Er verkörpert die Jugend und den Erdteil Afrika. Balthasar, ein reifer Mann, bringt Weihrauch, er verkörpert die Lebensmitte und Asien. Melchior, ein Greis, bringt Gold, steht symbolisch für das Alter und verkörpert Europa.

Am 6. Januar werden von den Kindern, die als Sternsinger von Haustür zu Haustür ziehen, mit Kreide die Buchstaben C, M und B und die jeweilige Jahreszahl über die Haustüre geschrieben: 20 C + M + B 10. Die Anfangsbuchstaben stehen für den Segensspruch: Christus Mansionem Benedicat – Christus segne dieses Haus.

Festgestaltung

Bald steht Weihnachten vor der Türe. Erwachsene wie Kinder sehnen sich nach einer ganz besonderen Stimmung. Nur keine Routine oder gar Stress aufkommen lassen. Das heißt für die Erzieherinnen gut zu planen. Weniger ist oft mehr und da es vor allem ein Fest für die Kinder ist, setzen diese die Maßstäbe für alle Überlegungen.

Lange vor dem ersten Advent sollten Sie sich darüber klar werden, in welcher Weise die Kinder dieses Jahr die Vorweihnachtszeit erleben sollen und welche Festtage Sie hervorheben möchten. Es stellt sich die Frage, gehen Sie auf den Barbara- oder Lucia- oder Elisabethen-Tag näher ein und welchem Gewicht geben Sie dem Nikolaustag? Es können nicht jedes Jahr alle Heiligen in gleicher Weise gebührend gewürdigt werden und so entscheidet man sich entweder für die herkömmlichen und traditionellen Höhepunkte – oder man wagt einmal etwas ganz anderes. Vielleicht entscheiden Sie sich dieses Jahr dafür, die romantische Stimmung, die uns die Natur in dieser Jahreszeit bietet, zu nutzen. Für die Kinder ist es ein unvergessliches Erlebnis, wenn sie dem Nikolaus im Wald begegnen, am Lucia-Tag kleine Lichterschiffchen in einem Teich oder See aussetzen und Barbarazweige in den Raum holen. Sie könnten bei der Weihnachtsfeier ein traditionelles Krippenspiel von Kindern aufführen lassen oder mit einer meditativen Betrachtung im versammelten Kreis neue Wege gehen.

Überlegen Sie, ob Sie die Eltern zu einer Feier mit den Kindern in der Kita einladen oder bieten Sie ihnen stattdessen einen »Advents-Bastelabend« an? Auch ein Adventsmarkt, der vielleicht sogar draußen im winterlichen Garten stattfindet, ist interessant und sehr stimmungsvoll.

Weihnachtsfeier in der Kita

Endlich ist es soweit, das Christkind kommt, aber nur in der Kita! Zu Hause müssen die Kinder noch geduldig bis zum 24. Dezember warten.

Ein Knistern liegt in der Luft. Die freudige Ungeduld wird durch das »Proben« der Lieder und Gedichte, wie durch das Besprechen des Festablaufs in entspannte Bahnen gelenkt. Der Adventskalender wird zum letzen Mal geöffnet oder vervollständigt. Die Kinder bauen an der Krippe weiter und die Figuren von Maria und Josef erreichen in Betlehem den Stall. Der letzte Strohhalm aus dem Adventskalender wird in die Futterkrippe gelegt, damit das Jesuskind weich darauf gebettet ist. Die Erzieherin holt eine kleine verzierte Spanschachtel hervor, vorsichtig öffnet ein Kind den Deckel. Die Schachtel wird herumgereicht und alle Kinder sind entzückt, wenn sie darin das Christkind erblicken. Vorsichtig wird es herausgenommen und in die Krippe gelegt.

▶ Meditative Feier im verdunkelten Raum

Die meditative Weihnachtsfeier, ob mit oder ohne Eltern, beginnt mit Elementen, die zur inneren Ruhe und Besinnung führen. Mit einer Meditation, z. B. der Adventsspirale (s. S. 76), stimmen Sie die Feiergesellschaft auf den Sinn des Festes ein. Es folgen die beliebten und von den Kindern mit Freude gelernten Lieder und Gedichte, die alle Herzen höher schlagen lassen.

Danach nehmen die Kinder ihre Lichter mit und ziehen feierlich in den stimmungsvoll geschmückten Gruppenraum, wo die Feier bei Plätzchen und Tee fortgesetzt wird.

In einer Ecke des Zimmers sind unter einem großen goldenen Tuch die ersehnten Geschenke versteckt. Die Kinderaugen glänzen vor Freude, als gemeinsam das goldene Tuch entfernt wird und ein Berg voller liebevoll verpackter Päckchen vor ihnen liegt. Mit großer Spannung werden die Geschenke für die Gruppe ausgepackt. »Ob wohl unsere Wünsche erfüllt worden sind?« – Kleinere Päckchen für die Eltern können gleich überreicht oder als Geheimnis für den 24. Dezember mit nach Hause genommen werden.

▶ Weihnachtsfeier klassisch

Die Erzieherinnen sprechen weihnachtliche Begrüßungsworte und geben die wichtigsten Informationen zum Ablauf der Feier. Das gemeinsame Singen von Weihnachtsliedern und Aufsagen von Gedichten bildet einen stimmungsvollen Einstieg. (Dazu für die Eltern Lieder und Gedichte kopieren, die sie dann auch mit nach Hause nehmen dürfen.)

Der Höhepunkt dieser Feier wird ein Krippenspiel sein, das von den Kindern oder Eltern aufgeführt wird. Anschließend sitzen alle an der stimmungsvoll dekorierten Weihnachtstafel und genießen die selbst gebackenen Naschereien.

Zum Abschluss gibt es die geheimnisvoll verhüllten Geschenke. Mit dem Singen eines Liedes, das alle noch einmal feierlich vereint, gehen die Kinder freudestrahlend in die Ferien.

Wer dieses Jahr Weihnachten einmal ganz anders erleben möchte, dem empfehlen wir die stimmungsvolle

▶ Weihnachtsfeier im Wald

Wir ziehen uns warm an und packen auf den Handwagen eine Dose mit selbst gebackenen Plätzchen und Tee in Thermoskannen. Ebenso die liebevoll hergestellten Dekorationen für einen Christbaum. Für die Rehe haben die Kinder bereits im Herbst Kastanien und Eicheln gesammelt und auch etwas Heu vom Rasen der Kita beiseite gelegt. Vor kurzem haben wir noch Futtersterne für die Vögel zubereitet und nicht vergessen werden wir den kleinen Weihnachtstern, mit dem wir die Futterkrippe der Rehe schmücken wollen. Laternen und Taschenlampen brauchen wir für den Rückweg in der Dämmerung, und zur Begleitung der Lieder nimmt eine Erzieherin ihre Gitarre mit. Auf Wunsch der Kinder legen wir noch weitere Instrumente, wie Schellenband und Triangel in den Handwagen.

Der Weg durch den Winterwald ist nicht lang, denn es gibt immer wieder etwas Schönes zu entdecken. Ist der Baum ausgewählt, wird er mit Freude und Eifer geschmückt. Dies bildet schon den ersten Teil zur Weihnachtsfeier. Dann ist es für die Kinder an der Zeit, sich im Kreis um ihren Christbaum zu stellen. Sie reiben sich die Hände und geben die Wärme mit einem Händedruck an ihren Nachbarn im Kreis weiter. Danach singen sie ihre geliebten Weihnachtslieder und sagen stolz die gelernten Gedichte auf. Nun ist es Zeit, sich mit Tee aufzuwärmen und die Plätzchen zu genießen. Bald ertönt ein Glöcklein aus dem Dickicht und zur Überraschung aller findet eine Erzieherin »zufällig« einen weiteren Handwagen. Wunderschön geschmückt, mit vielen Geschenken bepackt und obendrauf ein großer Umschlag mit einem Brief vom Christkind, lenkt er alle Blicke auf sich. Vorsichtig darf jedes Kind auf dem Heimweg einmal den Wagen ziehen, die Geschenke werden noch nicht im Wald ausgepackt, erst später.

Organisatorischer Tipp:
Besprechen Sie Ihr Vorhaben, eine Waldweihnacht zu feiern, mit dem zuständigen Förster, den Sie über das Forstamt ausfindig machen können.

Advent ist Erzählzeit

Ein Engel verkündet die Geburt Jesu

Die Geschichte, die ich euch heute erzählen will, geschah vor langer Zeit in einem fernen Land. Vor mehr als zweitausend Jahren lebte in der Stadt Nazareth eine junge Frau namens Maria. Sie wohnte mit ihren Eltern unter einem Dach. Die Familie war arm, das Haus einfach und der Gemüsegarten davor winzig. Zum Haus gehörten noch ein Stall, darin lebten ein paar Hühner, eine Ziege und ein altersschwacher Esel. Die Hühner versorgten die Familie mit Eiern, die Ziege mit Milch und mit dem Esel konnten sie zum Markt reiten. So waren sie alle mit ihrem Leben zufrieden.

Arbeit gab es genug in Haus und Stall. Die Tiere mussten versorgt, der kleine Garten gepflegt und das Haus in Ordnung gehalten werden. Maria half, wo sie gebraucht wurde. Am liebsten ging sie zum Brunnen, um Wasser zu schöpfen. Hier traf sie ihre Freundinnen, Nachbarinnen und es gab immer viel zu erzählen. Auch Maria hatte Neuigkeiten; sie hatte sich mit Josef, einem Zimmermann, verlobt.

Eines Tages war Maria allein im Haus. Ihre Eltern besuchten den Markt und waren schon frühmorgens aufgebrochen. Maria verspürte eine seltsame Unruhe. Die täglichen Arbeiten im Haus und im Garten wollten ihr heute nicht so recht gelingen. Müde setzte sie sich auf einen Stuhl, um sich auszuruhen, doch es kehrte keine Ruhe ein. Sonderbar, dachte Maria, diese Stille um mich herum! Ich höre keinen Vogel zwitschern, kein Blatt bewegt sich am Baum und selbst die Tiere im Stall sind stumm. Das ist eine Stille wie kurz vor einem Gewitter und doch ist kein Wölkchen am Himmel zu sehen!

Plötzlich verspürte sie einen Windhauch und schrak aus ihren Gedanken auf. Vor ihr stand ein Fremder in leuchtendem Gewand. »Fürchte dich nicht Maria! Gott schickt mich zu dir, er hat mit dir etwas ganz besonderes vor. Habe keine Angst, sondern freue dich. Gott hat dich auserwählt, Maria. Bald wirst du einen Sohn bekommen. Es ist Gottes Sohn und du wirst ihn Jesus nennen. Er ist der König, auf den die Menschen warten.« Maria wunderte sich: »Warum hat Gott ausgerechnet mich ausgewählt? Ich bin doch mit Josef verlobt und nun soll ich den Sohn Gottes unter meinem Herzen tragen?« Der Engel antwortete: »Bei Gott ist nichts unmöglich. Er gibt dir die Kraft, sein Kind zu tragen!«

Maria hatte nun keine Angst mehr, sie war ganz ruhig und vertraute dem Boten Gottes. Sie antwortete: »Wenn Gott es will, soll es so geschehen!« Als der Engel seinen Auftrag erfüllt hatte, verließ er das Haus. Maria berichtete Josef von der wunderbaren Begegnung mit dem Engel und erzählte ihm, dass sie bald ein Kind bekommen würde. Ungläubig lauschte Josef ihren Worten.

In der Nacht hatte Josef einen Traum. Ein Engel sprach zu ihm:

»Josef, alles was dir Maria berichtet hat, ist wahr und von Gott gewollt!« Als Josef am Morgen aufwachte, war er noch ganz erfüllt von seinem Traum. Alle Zweifel, die er noch am Tag zuvor hatte, waren verflogen. Nun freute er sich mit Maria über die große Aufgabe, die sie erfüllen durften.

Die Geburt im Stall

In Rom lebte damals Kaiser Augustus. Er war mächtig und regierte ein riesiges Reich. Dazu gehörte auch das Land, in dem Josef und Maria lebten. Eines Tages kamen Boten des Kaisers nach Nazareth. Trommler begleiteten sie und die Boten verkündeten dem Volk: »Der Kaiser will wissen, wie viele Menschen in seinem Land leben. Hört auf den Befehl des Kaisers Augustus! Jeder muss dorthin gehen, wo er geboren wurde und seinen Namen aufschreiben lassen!« Von Nazareth, wo Josef und Maria ihr Zuhause hatten, war es ein weiter Weg nach Betlehem. Maria wäre lieber daheim geblieben. Dort fühlte sie sich wohl und dort wollte sie in aller Ruhe ihr Kind zur Welt bringen. Doch sie mussten dem Kaiser gehorchen.

Sie hatten eine lange Wanderung vor sich. Maria und Josef waren arme Leute und besaßen weder Pferd noch Wagen. Doch ihr Esel begleitete sie und wenn Maria müde war, konnte sie sich auf ihn setzen und ein wenig ausruhen. Den ganzen Tag zogen sie durch das steinige Hügelland. Die Sonne brannte heiß vom Himmel. Für Maria war der Weg besonders beschwerlich. Sie spürte, dass sie bald ihr Kind bekommen würde.

Erschöpft von der langen Reise kamen sie endlich in Betlehem an. Die Straßen waren voll von Menschen, die ebenfalls in ihre Geburtsstadt gekommen waren, um sich zählen zu lassen. Maria und Josef brauchten ein Zimmer für die Nacht. Doch in all den Herbergen, in denen Josef sich nach einem Zimmer erkundigte, hörte er immer das gleiche: »Alles ist belegt, wir haben keinen Platz mehr!« Voller Sorge um seine hochschwangere Frau versuchte es Josef noch ein allerletztes Mal. Sie hatten Glück, denn der Wirt hatte Mitleid mit beiden. Er führte Maria und Josef zu einem Stall auf dem Feld. »Da habt ihr wenigstens ein Dach über dem Kopf und es ist besser als draußen in der kalten Nacht!« Hier konnten Maria und Josef bleiben. Der Stall war warm und trocken.

Noch in der Nacht kam das Jesuskind zur Welt. Maria nahm es und wiegte es in ihren Armen. Dann wickelte sie es in Windeltücher und legte es in eine Futterkrippe. Glücklich betrachteten Maria und Josef den Kleinen. – Über dem Stall erstrahlte ein großer heller Stern.

Die Nacht der Hirten

Auf den Weiden, nicht weit von Betlehem, wachten Hirten über ihre Herden. Es war Nacht und die Schafe schliefen. Die Hirten saßen zusammen und wärmten sich am Feuer. Über ihnen funkelten unzählig viele Sterne und in jener Nacht war der Mond nur eine kleine Sichel. Die Nacht war still und so finster, dass die Hirten ihre Schafe und Lämmer kaum sehen konnten. Doch sie wussten, dass kein Tier fehlte.

Plötzlich war ein Rauschen in der Luft. Mitten in der Nacht war es ganz hell und ein wundersamer Gesang ertönte. Die Hirten schauten zum Himmel empor und waren geblendet vom funkelnden Lichterschein. Als die Hirten den Engel sahen, fielen sie erschrocken auf die Knie. Er sprach zu ihnen: »Fürchtet euch nicht, ich bringe euch eine frohe Botschaft. Heute Nacht ist in einem Stall ein Kind geboren. Es ist Gottes Sohn, auf den ihr so lange gewartet habt. Das Kind liegt in einer Futterkrippe, nicht weit von hier. Ein heller Stern wird euch den Weg zeigen!« So plötzlich wie der Engel gekommen war, verschwand er wieder. Es war wieder still und dunkel. Die Hirten schauten zum Himmel hinauf und da sahen sie den leuchtenden Stern. Sie riefen: »Kommt, lasst uns dem Stern folgen!« Eilig machten sie sich auf den Weg, um das Jesuskind zu sehen. Am Stall angekommen, sahen sie Maria, Josef und das Kind, das in einer Krippe lag. Sie knieten nieder und beteten. Dann erzählten sie Maria und Josef, was der Engel ihnen über das Kind gesagt hatte. Bald sprach sich das wunderbare Geschehen herum und viele kamen zur Krippe, um das Kind zu sehen. Die Nachricht verbreitete sich schnell, denn einer erzählte sie dem anderen. Und so kommt es, dass wir heute wissen, was in der Heiligen Nacht geschah.

Anregungen

Malen der Szenen auf großformatiges Papier. Die einzelnen Bilder in entsprechender Reihenfolge auf eine Tapetenrolle kleben. Im Rahmen einer Weihnachtsfeier Szene für Szene abrollen und die Weihnachtsgeschichte gemeinsam erzählen. Besitzt die Einrichtung einen Tageslichtprojektor, so können die Szenen auf Folien gemalt und an die Wand projiziert werden.

Aktionen und Meditationen

Adventsspirale (Meditation)

Das braucht man dazu

Legematerial wie Tannenzweige, Zapfen, Nüsse; Kreide oder Schnur, Teller, Kerze.

So wird's gemacht

Vorbereitung: Wählen Sie einen störungsfreien Raum, der sich abdunkeln und dessen Mitte viel Platz lässt. Markieren Sie eine Spirale mit Kreide oder einer Schnur auf dem Boden. Am besten beginnen Sie im Mittelpunkt, ein Teller markiert ihn. Später dient dieser als Untersatz für die Kerze. Die Spirale sollte drei bis vier Windungen aufweisen und die Wege müssen so breit sein, dass man bequem darin gehen kann. Das Legematerial liegt in Körben sortiert bereit.

▶ Verlauf erster Teil

Gemeinsam gestalten die Kinder eine Spirale aus Tannenzweigen, Zapfen, Nüssen.
Die Kinder bilden einen Sitzkreis um die Spirale. Im Hintergrund spielt Entspannungsmusik. Eröffnen Sie die Übung, indem Sie sich etwa drei Teile vom Legematerial nehmen und ruhig und langsam zur Mitte der Spirale gehen. Dort legen Sie auf der Linie den Zweig oder Zapfen ab. Gehen Sie bedächtig auf Ihren Platz zurück. Nun folgt ein Kind Ihrem Beispiel und gestaltet mit ausgewähltem Material die Spirale weiter. Die Kinder entscheiden selbst, wann sie den Weg gehen möchten. Am Ende betrachten die Kinder gemeinsam ihr Werk. Kündigen Sie an, dass Sie am folgenden Tag oder auch später mit dieser Spirale etwas vorhaben.

▶ Verlauf zweiter Teil

Zum konzentrierten Gehen in der Spirale kommt nun das intensive Erleben von Licht hinzu. Das Gehen mit der flackernden Kerze erfordert vom Kind viel Konzentration. Diese Ruhe überträgt sich auch auf die anderen Kinder im Raum, die dem Geschehen folgen. Das Licht der Kerze, die durch die Spirale getragen wird, sorgt für unterschiedliche Licht- und Schatteneffekte.

Das braucht man dazu

Apfellichter und Papiersterne entsprechend der Anzahl der Teilnehmer, Kerze, Streichhölzer, Meditationsmusik, Eimer Wasser (Brandschutz).

Vorbereitung

Verteilen Sie die Sterne auf der Spirale in gleichmäßigen Abständen. Auf dem Teller in der Mitte entzünden Sie eine Kerze. Auf einem Tablett stehen die von den Kindern hergestellten Apfellichter bereit. Nun verdunkeln Sie noch den Raum und sorgen für die entsprechende Musik im Hintergrund.

Die Kinder bilden wieder einen Sitzkreis um die Spirale. Sie eröffnen die Übung damit, dass Sie ein Apfellicht in beide Hände nehmen, die Spirale bis zum Mittelpunkt gehen und dort ihr Licht entzünden. Dann gehen Sie wieder zurück und stellen das Apfellicht da hin, wo der erste Stern liegt. Die weiteren Sterne markieren den Platz, wo die Lichter der Kinder hinkommen. Ein Kind nach dem anderen folgt Ihrem Beispiel. Kleinen, ängstlichen oder unruhigen Kindern können Sie ihre Begleitung anbieten oder ein anderes Kind darum bitten. Im Rahmen einer Adventsfeier mit Eltern kann auch die Mutter oder der Vater das Kind auf seinem Weg begleiten. Einprägsam ist auch der folgende Vers, den Sie den Kindern mit auf den Weg geben können:
»Geh den Weg zur Mitte,
geh leise, mach langsame Schritte.«
Und kurz bevor das Kind die Mitte erreicht hat:
»Zünd nun deine Kerze an, schau wie hell sie brennt!
Bald erstrahlen viele Lichter mitten im Advent!
Behüt dein Licht, dann verlöscht es nicht!«
Wenn alle Lichter brennen, singen Kinder und Erwachsene zum Abschluss ein Advents- oder Weihnachtslied. Damit die Kinder das Bild von der leuchtenden Spirale verinnerlichen können, werden die Apfellichter ohne ihr Beisein weggeräumt. Diese dekorieren weiterhin den Gruppenraum oder aber sie sind ein hübsches Geschenk für die Eltern.

Im Zwergenland

Schon in den letzten Novemberwochen suchen die Kinder bei einem herbstlichen Ausflug im Wald Moos, Tannenzweige, Wurzeln, Wildfrüchte, Baumpilze, Kieselsteine, Rindenstücke oder Äste. In der Kita bauen sie daraus eine Landschaft, in der kleine Zwerge ihr Zuhause finden. Gemeinsam überlegen die Kinder, welchen Bauplatz sie wählen. Die Fläche sollte groß genug sein zum Aufbau und späteren Bespielen der Landschaft. Mit

viel Phantasie gestalten die Kinder ihr Zwergenland. Mit kleinen Kieselsteinen werden Wege gelegt, größere Steine eignen sich für den Bau von Hügeln und Höhlengängen. Leere Schachteln, mit farbigen Tüchern verkleidet, oder Wurzeln dienen als Behausungen für die Zwerge. Möbel und Zubehör aus dem Puppenhaus machen diese so richtig gemütlich. Farbige Tücher lassen sich als Seen oder Bäche in die Landschaft einbeziehen. Jetzt fehlen nur noch die Zwerge. Eifrig helfen die Kinder der Erzieherin Zwerge zu basteln (Anleitung auf S. 89).

Wenn ebenso viele Zwerge gebastelt, wie Kinder vorhanden sind, überlegen sich diese, wo es den Zwergen im Zwergenland wohl am besten gefällt. Vielleicht bekommen sie auch lustige Namen. Ganz von selbst entwickelt sich ein intensives Spiel, das über Tage und Wochen andauern kann.

Zwergenrunde

Das Zwergenland mit seinen Bewohnern ist Mittelpunkt unserer täglichen Zwergenrunde im Advent. Zum beliebten Ritual gehört es, dass ein Zwerg als Handpuppe die Kinder begrüßt. Jeden Tag wird eine Kerze mehr angezündet, bis zum Weihnachtsfest alle leuchten. Jeweils ein Kind darf sich ein Zwerglein mit samt dem gefüllten Säckchen aussuchen und mit nach Hause nehmen.

Das braucht man dazu

Zwerg als Handpuppe, kleine Zwerge und Jutesäckchen, Kerzen verziert, entsprechend der Anzahl der Kinder, Edelsteine (Glassteine, Murmeln, vergoldete Kieselsteine), Streichhölzer.

Vorbereitung

Vor der ersten Zwergenrunde näht die Erzieherin heimlich Säckchen, füllt sie mit »Edelsteinen« und stellt die von den Kindern verzierten Stumpenkerzen in die Landschaft.

▶ Verlauf

Zu Beginn der Adventszeit trifft sich die Gruppe zu ihrer ersten Zwergenrunde: Zur Überraschung der Kinder begrüßt ein Zwerg (Handpuppe) diesmal die Kinder.

»Hallo liebe Kinder, Frau ... (Name der Erzieherin) hat mich eingeladen, mit euch den Advent zu feiern. Ich hab auch meine Freunde mitgebracht. Doch zuallererst möchten wir euren Namen wissen. Ich heiße Bibibutz und wie heißt du? (Die Handpuppe begrüßt jedes Kind einzeln). Ich habe mich ein wenig bei euch im Zimmer umgesehen und muss schon sagen, der Zwergenwald gefällt mir ganz besonders. Da fühlen sich meine Freunde und ich bestimmt sehr wohl. Ich finde es toll, dass ihr Kinder uns nun jeden Tag besucht. Tagsüber ruhen wir uns aus, aber nachts, wenn ihr zu Hause in euren Betten schlaft, arbeiten wir hart und holen Edelsteine aus den Bergen. Ein paar davon wollen wir jedem von euch Kindern in der Adventszeit schenken. Bewahrt sie gut auf, sie sollen euch Glück bringen. Sicher habt ihr schon entdeckt, dass wir all eure Kerzen zu uns in das Zwergenland geholt haben. Ab heute wird an jedem Tag im Advent eine Kerze von euch leuchten. Das Kind, welches diese Kerze verziert hat, darf sich einen von den Zwergen aussuchen und ihn mit samt seinem Zwergensäckchen mit nach Hause nehmen. Die Kerzen möchten wir aber alle behalten, denn erst wenn alle Kerzen brennen, wird es Weihnachten.«

Während der täglichen Runde begrüßt nun Bibibutz die Kinder. Bevor er zu ihnen kommt, kann ein Vers die Kinder zur Ruhe führen. Zur Zwergenrunde gehören natürlich auch ausgewählte Geschichten, Gespräche, Lieder und Gedichte, welche aufs Weihnachtsfest vorbereiten.

Krippenspiel

Dieses Krippenspiel eignet sich gut für Kindergartenkinder. Die Reimform kommt Kindern entgegen und die kurzen Texte sind leicht zu erlernen. Da viele Rollen möglich sind, kann die gesamte Gruppe in das Spiel einbezogen werden. Kinder, die sich nicht am Rollenspiel beteiligen, haben vielleicht Freude daran, im Orchester mitzuwirken. Ein Weihnachtslied umrahmt die Handlung. Die Melodie des bekannten Liedes »Ihr Kinderlein kommet« liefert dafür die Vorlage.

Vorbereitung des Raumes

Der Schlichtheit des Spiels entspricht die Kulissengestaltung, die mit einfachen Mitteln erfolgt.

Naturmaterialien markieren den langen Weg nach Betlehem. Mit naturfarbenen Decken und Tüchern wird die Krippenhöhle gestaltet, auf deren Boden ein wenig Stroh liegt. Als Futterkrippe dient eine Schachtel mit einem Tuch umkleidet. Das Licht von Laternen beleuchtet die Szene. Über der Krippe ist ein großer Stern angebracht. Kurz vor der Vorstellung werden die Stühle der Zuschauer im Halbkreis vor der Spielfläche angeordnet. Der Raum wird abgedunkelt und mit Tischlaternen ein wenig erhellt.

Spieler und Requisiten

Maria:	Umhang aus blauem Stoff, mit einer Kordel zusammen gebunden
Josef:	Umhang aus braunem Stoff, ein Spazierstock
Wirte:	Schürzen
Wirtshäuser:	Je zwei Kinder in dunkler Kleidung bilden durch Handfassung das Eingangstor zum Wirtshaus.
Kinder:	Alltagskleidung, Requisiten wie im Text angegeben: Decke, Hemd, Töpfchen, Mütze, Eimer, Tücher, Püppchen, Körbchen (Käse, Butter), Laterne
Jesuskind:	große Babypuppe

Spielvorbereitung

Die Kinder verkleiden sich entsprechend ihrer Rolle und setzen sich am Rande der Spielfläche mit den erforderlichen Requisiten nieder. Diejenigen, welche die Häuser spielen, stellen sich an den Wegesrand. Das Jesuskind (Babypuppe) liegt für die Zuschauer nicht sichtbar hinter der Futterkrippe.

▶ Spielverlauf

(Lied nach der Melodie »Ihr Kinderlein kommet«)
Wir grüßen euch alle, so öffnet das Ohr.
Wir spielen die alte Geschichte euch vor.
Maria und Josef, sie zieh'n übers Land,
so weit sind die Wege, so steinig der Sand.
Maria und Josef, die mussten weit gehen.
Viel Tage und Nächte bis Betlehem.
Sie sind schon ganz müde, seht ihr dort den Stern,
ein Zeichen des Schutzes, von Gott, unserm Herrn.

(Maria und Josef gehen langsam den Weg entlang)

Maria: (sehr müde) O Josef, o Josef, ich kann nicht mehr gehen, kannst du nicht schon bald eine Herberge sehn?

Josef: Maria, Maria, komm, fürchte dich nicht Ich seh in der Ferne am Haus dort ein Licht.

(Josef klopft beim ersten Wirt)

1. Wirt: Wer klopft so spät an meine Tür? (Wirt kommt durch das »Tor«)

Josef: Zwei arme Wanderer stehen hier, wir zogen bei Nacht und Winterwind. Habt Mitleid – ihr seht – wir bekommen ein Kind!

1\. Wirt: Das habt ihr beide euch so gedacht, schnell wird die Türe zugemacht.
Bis unters Dach ist voll mein Haus, zieht ihr nur weiter in die Welt hinaus!

(Wirt macht eine Kehrtwendung durch das »Tor« hindurch. Josef klopft beim zweiten)

2\. Wirt: Wer klopft so spät an meine Tür? (Spielanweisung siehe oben!)

Josef: Zwei arme Wanderer stehen hier. Wir zogen über hartes Gestein, wir bitten euch: So lasst uns ein!

2\. Wirt: Das habt ihr beide euch so gedacht, schnell wird die Türe zugemacht.
Ihr werdet vielleicht noch Diebe sein? Nein, nein, ich lass euch nicht herein!

(Josef klopft beim dritten Wirt)

3\. Wirt: Wer klopft so spät an meine Tür?

Josef: Zwei arme Wanderer stehen hier, seht ihr – wir leiden bittre Not, so helft uns, es vergelts's euch Gott.

3\. Wirt: Ich hätt euch gerne aufgemacht, mein Haus ist voll in dieser Nacht.
Doch meinen Stall, den geb ich euch, kommt mit, ich zeig den Weg euch gleich.

Lied »Ihr Kinderlein kommet«, 1. Strophe

(Während das Lied »Ihr Kinderlein kommet« gesungen wird, begleitet der Wirt Maria und Josef zur Krippe. Der Wirt verabschiedet sich. Maria setzt sich hin und wiegt die Puppe in ihren Armen, bevor sie diese in die Krippe legt.)

Kinder: (Die Kinder treten nacheinander zur Krippe, überreichen das Geschenk und verlassen dann das Spielfeld)

1\. Kind: Ich bring eine warme Decke hier.

2\. Kind: Ich schenk ein weißes Hemdchen dir.

3\. Kind: Einen Topf mit Suppe hab ich dabei.

4\. Kind: Eine warme Mütze leg ich ins Heu.

5\. Kind: Ich schlepp den Wassereimer her mit frischem Wasser, der ist schwer!

6\. Kind: Mit Tüchern komm ich weich und warm.

7\. Kind: Mein Puppenkind hab ich im Arm.

8\. Kind: Mit Käse und Butter komm ich gerannt.

9\. Kind: Das Holz, die Laterne hab ich in der Hand.

Maria: Wir danken euch allen, groß und klein, wir Armen sind nicht mehr allein.
Mein Kind, das liegt auf Heu und Stroh, macht alle Menschen frei und froh.

Josef: Kommt alle heran an die Krippe – seht, die Tür weit für euch offen steht.

(Kinder versammeln sich am Boden sitzend vor der Krippe)

(Lied nach der Melodie »Ihr Kinderlein kommet«)

Im Stalle das Kindlein, ist heut gebor'n.
Wir Menschen auf Erden sind nicht mehr verlor'n.
Wir loben und danken heut Gott, unserm Herrn.
Hoch über der Krippe, da leuchtet der Stern.
Wir singen und spielten zur heiligen Nacht.
Wir haben uns alle zum Stall aufgemacht.
So tretet herein, kniet euch nieder und seht:
Die Tür zu der Krippe heut offen uns steht.
(alle Verse: Barbara Cratzius, © Hartmut Cratzius)

Adventskalender- und Christkindlwerkstatt

Sternenweg am Fenster

Das braucht man dazu

Zwei mit Goldfolie bezogene Schachteln, gelbes Transparentpapier oder Goldfolie, Schere, Sternenschablone.

So wird's gemacht

In der Freispielzeit steht eine Schachtel mit dem Material bereit. Die Kinder schneiden Sterne aus, wann sie wollen und so viele sie wollen. Sie werden in der zweiten Schachtel gesammelt. Beim täglichen Advents-Ritual werden die Sterne an das Fenster geklebt. Bis Weihnachten wird sicher eine ganze Milchstraße daraus. Vor der Weihnachtsfeier wird an das Ende des Sternenweges ein sehr großer Stern geklebt, alle Sterne zusammen stellen nun den Betlehemstern dar, wobei die vielen kleinen den Schweif bilden.

Variation: Die ausgeschnittenen Sterne werden an einen Ast gehängt oder an die Sternenbahn aus Maschendraht, die quer durch den Raum gespannt ist.

Geschenkpapier bedruckt

Alle Geschenke werden weihnachtlich verhüllt und so bedrucken die Kinder das Papier selbst. Dabei kann man durchaus Packpapier verwenden. Gold- und Silberdruck geben hierbei einen besonders reizvollen Kontrast, aber auch weiße Farbe passt gut dazu.

Das braucht man dazu

Für den Druckstock: Schaumstoff, Korken, großporigen Schwamm, Steckschwamm (aus dem Blumengeschäft), Moosgummi; Pappe, Kleber.

So wird's gemacht

Für die Halterung aus Pappe mehrere 5 – 6 cm große und ebenso viele 1,5 – 6 cm große Rechtecke ausschneiden. Mit Alleskleber jeweils ein kleineres Rechteck als Griff auf ein größeres kleben.
Für den Stempel Druckmuster auf Schaumstoff oder Schwamm zeichnen und ausschneiden. Auf die Papphalterung kleben und gut trocknen lassen. Stempel in Farbe tauchen und auf das Papier drucken.
Variante: Mit den großporigen Schwämmen und feineren Schwämmen kann auch kreativ nach eigenen Ideen ein Muster aufgewischt werden.

Ein Vorhang zum Füllen

Für dieses schöne Stück muss man etwas mehr Geld investieren, als in einen Kalender aus Papier. Aber sicher schmückt der Vorhang mehrere Jahre als bezaubernder Raumteiler oder adventlicher Wandbehang den Gruppenraum oder vielleicht wollten Sie ohnehin schon lange eine »neue Gardine« für das Fenster.

Zur Herstellung des Vorhangs muss man im Nähen etwas geübt sein. Auch hierzu gibt es sicher eine Lösung. Die Arbeitsschritte können mit einer Kollegin oder hilfsbereiten Mutter geteilt werden. Die eine übernimmt das Zuschneiden, Ausschmücken und Aufbügeln der Zahlen und die andere die Näharbeiten.

Das braucht man dazu

Zum Herstellen des Vorhangs: einen transparenten Vorhang (2,75 x 1,10 m; z. B. von Ikea oder in Heimtextil-Geschäften), weißen transparenten Stoff (1,1 x 1,4 m), Stoffreste aus buntem Satin und Samt, Chiffonband in Pastellfarben (10,8 m x 5 cm) und passendes Nähgarn, Schere, Stecknadeln, Lineal, Phantomstift, große bunte Pailletten, Bleistift, Vliesofix.

So wird's gemacht

Den Vorhang bügeln, das Chiffonband in 6 Streifen aufteilen und in gleichen Abständen vom Rand aus auf den Vorhang nähen, so dass es Längsstreifen gibt. Die Enden dabei jeweils nach links umschlagen. Den Stoff bügeln und darauf 24 Taschen in der Größe von 22 – 27 cm mit dem Phantomstift aufzeichnen und zuschneiden. Die Taschen versäubern, den oberen Rand für den Eingriff einen Zentimeter nach links umbügeln und füßchenbreit umsteppen. Für die jeweilige Tasche nun die Zahlen von 1 bis 24 anfertigen. Auf den Samt und Satin die Zahlen aufzeichnen und ausschneiden. Danach auf Vliesofix aufbügeln und überschüssiges Vliesofix abschneiden. (sieht auch mit Zick-Zack-Schere gut aus). Die Zahlen können noch mit Pailletten beklebt oder bestickt werden. Das Papier vom Vliesofix abziehen, Zahlen auf die Taschen legen und durch Bügeln fixieren. Auf den Samt ein Tuch auflegen oder von der linken Seite bügeln. Die Taschen in gleichen Abständen auf die Streifen des Chiffonbandes mit Stecknadeln anheften und danach annähen.

Zum Füllen brauchen Sie entweder die üblichen weihnachtlichen Süßigkeiten, geheimnisvoll verpackt, oder weihnachtliche Symbole wie: Engelshaar, Engelsflügel, Stern, goldene Kugel, silberne Nuss, goldener Zweig und Ähnliches.

Um diese Symbole lassen sich kleine Geschichten erzählen oder Sie erklären beim Herausnehmen, was es zum Beispiel mit dem Stern auf sich hat. Adventsgedichte und -lieder auf besonderes Papier geschrieben und mit weihnachtlichen Motiven verziert, können ebenfalls zu persönlichen Geschenken werden. Damit der Vorhang an Weihnachten auch noch ansehnlich und nicht geplündert aussieht, legen die Kinder in jedes Täschchen, aus dem etwas entnommen wird, auch wieder etwas hinein. Dafür schneiden sie Sterne aus bunter Metallfolie aus, die dann zart aus den Taschen des Vorhanges schimmern.

Tannenbaum legen

Das braucht man dazu

Tannen- oder Fichtenzweige, Glockenspiel, Weihnachtsglöckchen, Legematerial wie Glassteine oder selbst Gesammeltes aus der Natur, Entspannungsmusik.

So wird's gemacht

Jedes Kind bringt von zu Hause einen Zweig mit. Sie werden in einem Korb gesammelt, der dann bei der Aktion in die Mitte gestellt wird.
Nun darf jeweils ein Kind einen Zweig herausholen und diesen einem anderen Kind überreichen. Hat jedes Kind einen Zweig, schließt es die Augen und befühlt ihn vorsichtig.
Mit offenen Augen beschreiben die Kinder das Gefühlte und die Eigenschaften dieses Zweiges. Sie fühlen bewusst die Form nach.
Mit geschlossenen Augen versuchen sich die Kinder vorzustellen, wie diese Zweige an einem großen Baum hängen und wie dieser wohl aussehen mag. Dazu spielt die Erzieherin auf dem Glockenspiel.
Die Augen wieder geöffnet, erzählen sie von »ihrem« Baum.
Um den Duft der Zweige intensiv und bewusst wahrzunehmen, schließen die Kinder erneut die Augen, die erst wieder geöffnet werden, wenn das Weihnachtsglöckchen erklingt.
Danach legt immer das Kind, welches von der Erzieherin mit einem Zweiglein sanft berührt wird, seinen Zweig so in die Mitte, dass gemeinsam ein großer Weihnachtsbaum entsteht.
Mit Musik im Hintergrund schmücken die Kinder den Baum mit bereitgestelltem Legematerial.
Zur Betrachtung des fertigen Werkes singen die Kinder das Lied vom »Tannenbaum«.
Diese Meditation kann auch durch das Legen eines Adventskranzes variiert werden.

Tipp: Mit einem angefeuchteten Wollfaden können Sie vorher die Umrisse des Tannenbaumes oder des Adventskranzes auf den Teppich legen. Damit geben Sie gerade den jüngeren Kindern eine Orientierungshilfe.

Der Weg nach Betlehem

Die Kinder bauen eine große Krippenlandschaft, in der sich Maria und Josef auf den Weg nach Betlehem machen. Jeden Tag rücken sie ein wenig näher zum Stall hin. Hirten hüten ihre Schafe auf der Weide. Kerzen säumen den Weg von Nazareth nach Betlehem. Jeden Tag brennt eine Kerze mehr, bis zum Weihnachtsfest alle leuchten. Täglich versammeln sich die Kinder zum Adventskalender-Ritual: Kerzen anzünden, zählen, wie viele Kerzen schon brennen, eine Weihnachtsgeschichte hören oder ein Lied singen. Und sie rücken Maria und Josef auf dem Weg um eine Kerze weiter. Vielleicht greifen Sie auch den alten Brauch des Hälmchenlegens auf. In die noch leere Krippe wird täglich ein Strohhalm gelegt, damit das Jesuskind weich gebettet ist. Die Krippenlandschaft regt dazu an, daran weiter zu bauen. Die Kinder überlegen, womit sie diese weiter ausschmücken und wer sich alles auf den Weg zur Krippe macht.

Das braucht man dazu

Unterlage aus naturfarbenem Rupfen, blaues Tuch für den Himmel, Schnur, Naturmaterialien wie Moos, Steine, Kiesel, Sand, Wurzeln, Zweige, Gräser, Stroh, Rinden; Bausteine, Figuren: Maria, Josef, Jesuskind, Engel, Hirten, Heilige Drei Könige, Stall; Tiere: Schafe, Esel, Ochse; Sterne, Teelichter

▶ Verlauf

Etwa ein bis zwei Wochen vor dem 1. Advent sammeln die Kinder im Wald Naturmaterialen für die Krippenlandschaft. Eventuell ist auch das Basteln von Krippenfiguren angesagt. Eine Kommode, ein Tisch oder auch der Boden wird mit Rupfen abgedeckt. Darauf findet die Krippenlandschaft ihren Platz. Auf der einen Seite des Weges wird das Dorf Nazaret mit einigen Häusern angedeutet und am Ende des Weges entsteht Betlehem mit dem Stall und der Krippe. Ein blaues Tuch, das den Himmel darstellt, dient als Hintergrund für einen Sternenhimmel. Am ersten Adventstag markieren Teelichter den Weg nach Betlehem. Die Anzahl der Lichter muss nicht unbedingt genau der Anzahl der Tage bis zum Weihnachtsfest entsprechen. Wichtig ist nur, dass für jedes Kind ein Licht vorhanden ist. Das erste Licht wird angezündet und dazu ein Adventslied gesungen.

Die Tage bis zum Nikolaus sind ausgefüllt mit Vorbereitungen darauf. Legenden vom Nikolaus, Lieder und Gespräche bereiten die Kinder auf den Besuch des Heiligen vor.

Am 5. oder 6. Dezember besucht der Heilige Nikolaus die Kindergruppe. Weitere Lichter werden angezündet.

In den folgenden Tagen hören die Kinder die Weihnachtsgeschichte. Maria und Josef machen sich auf den Weg und rücken nun Tag für Tag näher zur Krippe. Ein Esel begleitet die beiden auf ihrem beschwerlichen Weg.

Mitte Dezember folgen Hirten und Schafe auf der Weide.
Kurz vor Weihnachten sind Maria und Josef dem Stall sehr nahe. Der Weg ist bereits sehr hell. Ochs und Esel kommen in den Stall. Die Herbergssuche wird erzählt.
Am Tag der Weihnachtsfeier in der Kita werden Josef und Maria in den Stall gebracht und das Jesuskind in die Krippe gelegt. Hirten kommen mit ihren Schafen zur Krippe, um das Kind zu sehen.
Auch die Heiligen Drei Könige machen sich auf den Weg, um am 6. Januar an der Krippe anzukommen.

Glitzer-Windlicht

Das braucht man dazu

Topfreiber silbern (Haushaltswarengeschäft), Glas (z. B. altes Senfglas), Glitzersteine, Glassteine, Perlen oder Pailletten, silberne Kordel oder Schleife, Teelicht.

So wird's gemacht

Topfreiber in der Mitte auseinander ziehen und zusammen gedrehtes Ende lösen. Falls der Rand zu fransig wird, mit der Schere etwas abschneiden. Topfreiniger über die Glaswand ziehen wie eine Socke, dabei bleiben das obere und untere Ende etwas eingerollt. Steinchen, Perlen und dergleichen zwischen Glas und Netz des Topfreibers stecken. Oben ein Band oder eine Kordel anbringen und mit Teelicht beleuchten.
Variante mit Naturmaterialien:
Zwischen Glas und Netz Naturmaterialien wie ein Stückchen getrocknete Orangenschale, Erdnüsse, Hagebutten und Ähnliches stecken. Anstelle von Silberkordel Bast verwenden.

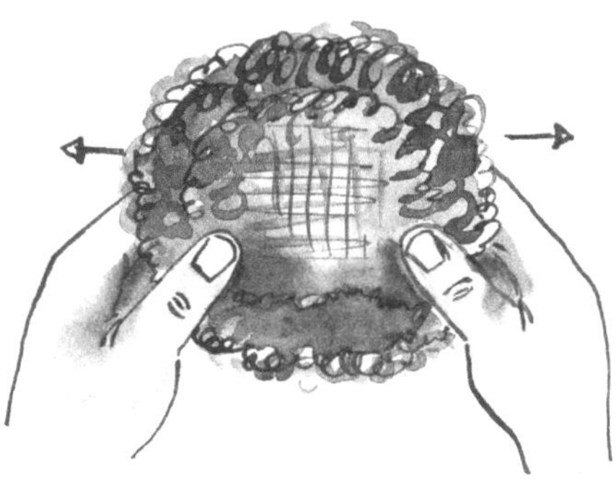

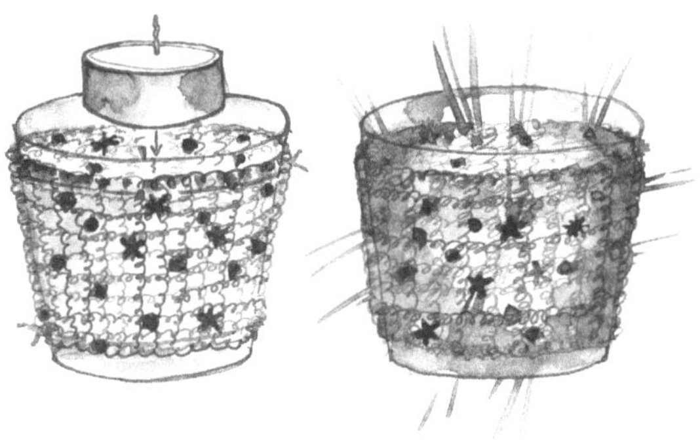

Apfellicht

Das braucht man dazu

Rotbackige Äpfel, rote Christbaumkerze, Goldfolie oder Tannenreisig, Messer oder Kernhausausstecher, weiches Tuch

So wird's gemacht

Apfel polieren, bis er schön glänzt. Bei der Blüte ein ca. 2 cm großes Loch aushöhlen. Kerze hineinstecken und sie mit Tannenreisig oder einer Manschette aus Goldfolie fixieren.

Einfacher Stabengel

Das braucht man dazu

Gold- und Silberfolie, Tortenspitzen, Goldstoffreste oder breite Geschenkbänder, weiße Federn, Watte, weißen Karton, Bleistift, Buntstifte, Schere, Klebstoff, Schaschlikstäbe aus Holz, Klebeband; zur weiteren Ausschmückung Perlen, Pailletten und Flitter.

So wird's gemacht

Die Kinder zeichnen einen Engel in der Größe von 10 bis 12 cm mit großen Flügeln auf den Karton und schneiden ihn aus. Die Flügel mit Klebstoff bestreichen und mit Federn oder Watte bekleben. Das Gewand des Engels wird mit Folien, Stoffresten, Geschenkbändern und Tortenspitzen gestaltet. Dabei können ältere Kinder auch die Folie in viele Falten legen und so dem Engel ein plissiertes Kleid aufkleben. Das Gesicht mit den Buntstiften ausmalen, aus Watte Haare aufkleben. Von der Folie einen Haarreif mit Stern ausschneiden und aufkleben. Den Kindern sind in der Ausschmückung mit Perlen, Pailletten und Glitter keine Grenzen gesetzt.

Auf der Rückseite Stab mit Klebeband befestigen.

Der Weihnachtsengel ziert Sträuße mit Zweigen, Geschenkpakete und vieles mehr. Kleben die Kinder ein Papier- oder Schleifenband mit Weihnachtsspruch an den Stab, wird der Engel zu einer originellen Weihnachtskarte.

Kleiner Zwerg

Das braucht man dazu

Bunte Filzreste, weiße ungesponnene Schafwolle, Schablone, Schneiderkreide, Nähnadel, Faden, Schere

So wird's gemacht

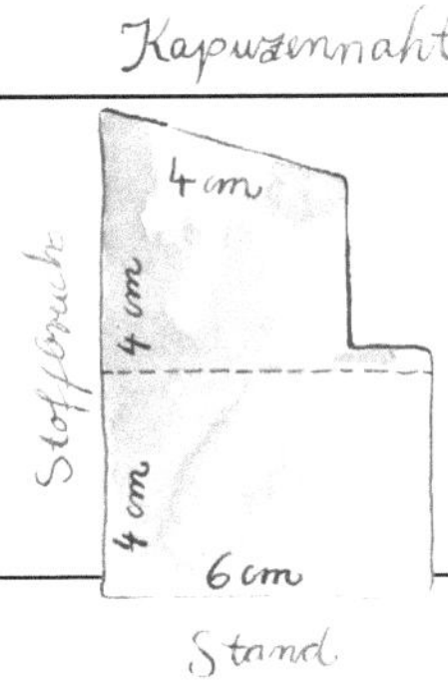

Zwergenmantel zuschneiden (siehe Zeichnung), Kapuzennaht schließen. An der markierten Stelle Kräuselfaden durchziehen. Ein wenig gezupfte Schafwolle in das Mäntelchen geben, den Kräuselfaden zusammenziehen und zubinden. Herausstehende Schafwolle unten abschneiden, so dass eine Standfläche entsteht. Die Zwerge können in verschiedenen Größen gearbeitet werden. Der Kopf darf aber nicht zu klein werden.

Schönes und Duftendes für die Sinne

Christbaumschmuck aus Honigwachsplatten

Ein duftender Schmuck zu duftenden Zweigen, für den Weihnachtsbaum, wie auch auf Geschenkpäckchen.

Das braucht man dazu

Honigwachsplatten, Ausstechformen mit Weihnachtsmotiven, Kordel oder Schleifenband, Schere, Metallspieß, grünen Zweig.

So wird's gemacht

Die Motive aus den Honigwachsplatten ausstechen, am oberen Rand des Anhängers ein Loch ausstechen, Band hindurchziehen und verknoten. Zum Verschenken Anhänger an einen grünen Zweig binden.

Christbaumschmuck aus vergoldetem und versilbertem Herbstlaub

Haben Sie noch gepresste Eichenblätter in Ihrer Bastelkammer, lässt sich ein ungewöhnlicher, aber nicht minder dekorativer Baumschmuck herstellen.

Das braucht man dazu

Gepresste Eichenblätter, Gold- und Silberfarbe, Pinsel, Nadel, Faden, Gold- und Silberperlen, Glasperlen in verschiedenen Farben und Größen.

So wird's gemacht

Blatt auf einer Seite Gold oder Silber bemalen, trocknen lassen. Am Blattende Faden verknotet anbringen und drei bis vier Perlen auffädeln. Am Ende wieder gut verknoten. Zum Verschenken das Blatt in Zellophantüten verpacken oder an einen Zweig binden.

Mini-Weihnachtsbaum

Ein Geschenk aus der Floristik, wenn sie einen großen Kiefernzapfen mit Fundstücken aus der Natur verzieren – eine süße Überraschung, falls Sie ihn lieber mit Schokostreuselplätzchen füllen.

Das braucht man dazu

Großen Zapfen, Töpfchen aus Ton oder mit Packpapier umwickelten Becher (muss aber mit Sand gefüllt sein, damit er Standfestigkeit hat), Moos, Beeren getrocknete Blüten, Golddraht.

So wird's gemacht

Zapfen in das vorbereitete Töpfchen stecken. Mit einem kleinen Messer das Moos zwischen die Schuppen des Zapfens stopfen. Blüten und Beeren (Vorsicht bei Beeren, keine giftigen verwenden) auf den Golddraht fädeln und den Zapfen damit nach Belieben umwickeln.

Süße Variante: Schokoplätzchen zwischen die Schuppen des Zapfens stecken und um den Topf eine rote Schleife binden.

Verzierte Zitrusfrüchte

Ist die Schale von Zitrusfrüchten einmal angeritzt, verbreiten sie einen Duft, den man sicher mit Weihnachten in Verbindung bringt. Verzierte Früchte sind ein Geschenk für die Sinne, das aber etwas Geschick erfordert.

Das braucht man dazu

Zitrusfrüchte wie Orangen, Zitronen Limonen; Linolmesser-Set.

So wird's gemacht

Zitrusfrüchte mit warmem Wasser gut waschen, besonders, wenn sie behandelt sind. Mit dem Linolmesser-Set verschiedene Muster wie Spiralen, Ranken, Blätter, Schuppen und Streifen in die Früchte schnitzen. Die jeweiligen Messer ergeben die unterschiedlichsten Spuren. Zusätzlich können die Früchte mit Nelken gespickt werden. Im Gegensatz zum klassischen Pomander ist es hier viel leichter, die Nelken in die angeritzte Frucht zu stecken.

Kette mit Zitrusfrüchten

Zur vorweihnachtlichen Zeit gehört auf alle Fälle der Duft von Orangen. In Scheiben geschnitten und aufgefädelt auf einen Bindfaden, sind sie eine schöne Raumdekoration.

Das braucht man dazu

Orangen, kleine Obstmesser, Schneidebretter, Bindfaden, stumpfe Stopfnadel.

So wird's gemacht

Orangen vorsichtig in Scheiben von 0,5 bis 1 Zentimeter schneiden und dann bei 50 Grad eineinhalb bis zwei Stunden im Elektroherd trocknen. Mit einer stumpfen Stopfnadel getrocknete Orangenscheiben auffädeln und den Raum damit dekorieren.

Variante: Zwischen die Orangenscheiben kurze Stücke Zimtrinde, kleine Buchszweiglein und andere Dinge aus der Natur fädeln.

Adventskranz

Ein immergrüner Kranz zum Fest, mit den Kindern selbst gebunden, schmückt Haus- und Gruppentüre oder ein Fenster in der Kita. Als Adventskranz steht er im Mittelpunkt bei täglichen Ritualen. So verschieden, wie die Kinder in ihrer Persönlichkeitsstruktur sind, so verschieden dürfen auch die Zweige sein (Tanne, Fichte, Kiefer, Buchs, usw.). Jedes Kind bekommt als Aufgabe bis zum ersten Advent, der in der Kita gefeiert wird, einen Zweig mitzubringen. Die Erzieherin besorgt die weiteren Materialien.

Das braucht man dazu

Weihnachtszweige, Metallreifen, Peddigrohr (oder Gymnastikreifen für großen Adventskranz), eine Spule Blumendraht.

So wird's gemacht

Zweige in ca. 12 bis 15 cm lange Zweiglein brechen oder mit der Gartenschere abschneiden. 3 bis 5 gleich lange Stangen Peddigrohr zu einem Reifen verbinden, mit Klebeband die Ansatzstelle zusammenhalten.
Kranz binden: 2 bis 3 Zweiglein zusammenfassen, auf den Reifen legen, mit Blumendraht zwei- bis dreimal fest umwickeln.
Wieder einige Zweiglein zusammenfassen und so anlegen, dass der Blumendraht gut verdeckt wird. So fortfahren, bis der ganze Reifen umwickelt ist, dabei darauf achten, dass die Zweige in der gleichen Richtung liegen.
Der Adventskranz kann mit allerlei Naturmaterialien geschmückt werden.

Musiktruhe

So tanzen wir den Kerzentanz

Text: Rolf Krenzer, Musik: Martin Göth

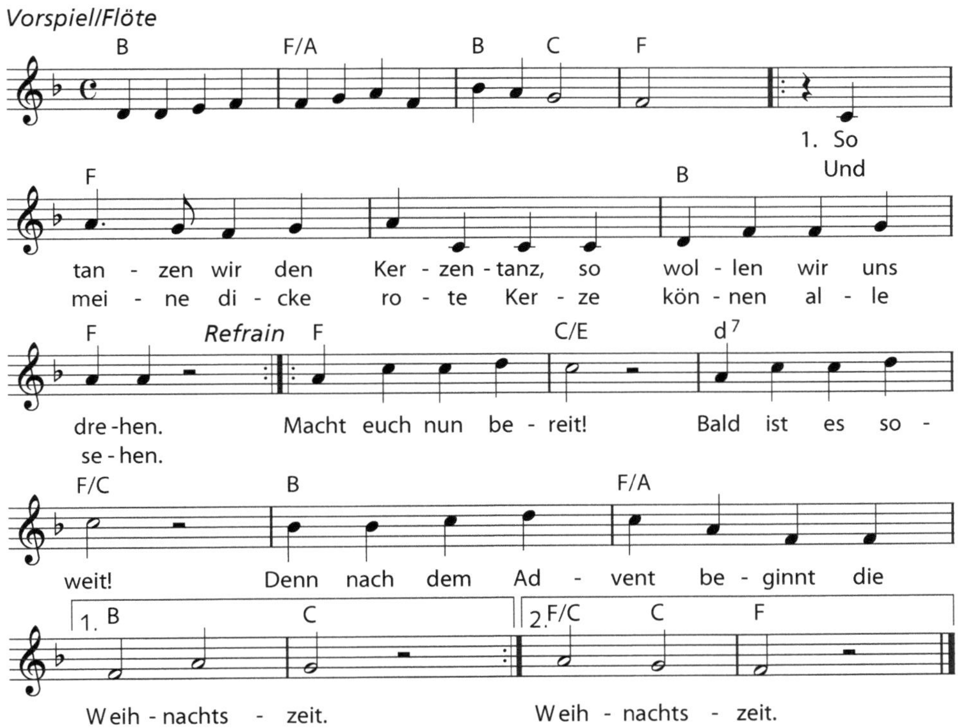

2. So tanzen wir den Kerzentanz,
so wollen wir uns drehen.
Und unsere beiden roten Kerzen
können alle sehen.
Refrain

3. So tanzen wir den Kerzentanz,
so wollen wir uns drehen.
Und unsere drei roten Kerzen
können alle sehen.
Refrain

4. So tanzen wir den Kerzentanz,
so wollen wir uns drehen.
Und unsere vier roten Kerzen
können alle sehen.
Refrain

Zünd die erste Kerze an

Text und Musik: Stephen Janetzko, © Edition SEEBÄR-Musik, www.kinderlieder-und-mehr.de

2. Zünd die zweite Kerze an,
Gottes Sohn klopft 2 x an.
Es steht Weihnacht vor der Tür:
Steh jetzt auf und folge mir.

3. Zünd die dritte Kerze an,
Gottes Sohn klopft 3 x an.
Es steht Weihnacht vor der Tür:
Steh jetzt auf und folge mir.

4. Zünd die vierte Kerze an,
Gottes Sohn klopft 4 x an.
Es steht Weihnacht vor der Tür:
Steh jetzt auf und folge mir.

5. Schließlich ist es dann soweit,
öffnet alle Tore breit.
Jeder singet hell und klar:
Jesus Christus ist heut da.

Tannenzweige-Kanon

Text und Musik: Martin Göth

Engelbackstube

Weihnachtsplätzchen aus Mürbteig

Zutaten

Für den Mürbteig: 500 g Mehl, 175 g Zucker, 1 Prise Salz, 1 Tl Zimt, 2 Eier, 250 g Margarine oder Butter und etwas Mehl zum Ausrollen
Für die Verzierung: Zuckerguss: 2 Eiweiß, 400 g Puderzucker, Lebensmittelfarbe, Liebesperlen, Zucker- und Schokostreusel, Nüsse und Mandeln.

Zubereitung

Teig: Mehl auf die Arbeitsplatte sieben und in die Mitte eine Vertiefung drücken. Zucker und Salz hineingeben. Ein Ei in einer Tasse verquirlen und in die Mitte geben. Die sehr kalte Margarine mit dem Messer in kleine Stückchen schneiden und auf den Mehlrand geben.
Nun die Zutaten in der Mitte verrühren, dabei schon etwas Mehl untermischen. Dann mit beiden Händen die Zutaten kräftig vermischen und gut durchkneten. Den Teig zu einer Rolle formen und verpackt im Kühlschrank eine Stunde kalt stellen. Backblech einfetten und mehlen oder mit Backtrennpapier belegen. Danach Teig ausrollen, die Plätzchen ausstechen und auf das Backblech legen. Bei 200 Grad, Gasherd Stufe 3, 10 bis 15 Minuten backen. Plätzchen auf Kuchengitter auskühlen lassen.

Zuckerguss: Mit dem Handrührgerät Eiweiß steif schlagen, den gesiebten Puderzucker unterrühren, bis ein dicker Guss entsteht. Die gesamte Menge auf mehrere Schälchen aufteilen und mit verschiedenen Lebensmittelfarben einfärben. Anschließend den Guss in Spritzbeutel füllen. Falls kein Spritzbeutel vorhanden ist, kann man diesen leicht selbst herstellen, indem man in die Spitze eines Gefrierbeutels ein ganz kleines Loch schneidet.

Verzierung: Die Kinder malen die Plätzchen mit Zuckerguss an und verzieren sie nach Herzenslust.

Lebkuchen – Grundrezept

Dieses Rezept eignet sich für ein Blech, das dann mit vielen Möglichkeiten zum Thema Advent verziert werden kann. Auch lassen sich nach dem Erkalten kleine Lebkuchen ausschneiden, die von den Kindern verziert werden.

Weihnachtsmotive lassen sich aus dem ungebackenen Teig mit den üblichen Formen ausstechen. Oder Sie fertigen mit den Kindern aus Karton Schablonen an, die sie selbst gemalt und ausgeschnitten haben. Diese werden auf den ausgerollten Teig gelegt und mit einem Messer ausgeschnitten, die Figuren auf das Blech gelegt, gebacken und verziert.

Zutaten für ein Blech

100 g Butter oder Margarine, 100 g brauner Zucker, 100 g dunkler Zuckerrübensirup, 2 große Eier, 500 g Mehl, 1 Tl Natron, 1Tl Backpulver, 2 Tl Lebkuchengewürz, 1 Tl Zimt.

So wird's gemacht

Fett, Zucker, Sirup und Eier gut verrühren, Mehl, Backpulver, Gewürze und Natron untermischen und gut verkneten. In Folie gewickelt im Kühlschrank ca. 2 Stunden ruhen lassen.
Teig ausrollen, auf ein mit Backpapier belegtes Blech legen oder Figuren ausschneiden und auflegen. Bei 180 Grad (Umluft) ca. 15 Minuten backen. Auskühlen lassen und nach Herzenslust verzieren.

Früchtebrotkuchen

Das braucht man dazu

125 g ganze Mandeln gehäutet, 125 g Haselnüsse, 500 g gemischtes Trockenobst (Aprikosen, Äpfel, Zwetschgen), 125 g Rosinen; 3 Eier, 125 g Zucker, 125 g Mehl, 1 Tl Backpulver (nur für die Erwachsenen 1 – 2 El Rum).

So wird's gemacht

Einen Rührteig herstellen und die Nüsse, Mandeln und Trockenfrüchte untermischen. Den Teig in eine mit Alufolie ausgekleidete Kastenform füllen und bei 180 Grad 90 Minuten oder auch etwas länger (also sehr langsam) backen.

Weihnachtswichtel

Zutaten für den Quarkölteig

200 g Magerquark, 1 Prise Salz, 6 El Milch, 100 g Zucker, 1 Ei, 6 El Öl, 400 g Mehl, 1 Päckchen Backpulver.

Zutaten für Wichtel

Quarkölteig, 10 klein geschnittene, getrocknete Aprikosen und 2 El Rosinen (über Nacht in 2 El Apfelsaft eingelegt), 1 El gemahlene Haselnüsse oder Mandeln, 2 El Kakao
Zum Verzieren: große Mandeln, Mandelstifte, Kokosraspel, Zuckerguss.

Zubereitung

Quarkölteig herstellen, klein geschnittene Aprikosen, Rosinen, Nüsse und den Kakao in den Teig kneten. Teigmenge in gleich große Teile schneiden und aus je einem Teil Wichtel formen. Zwei Mandeln sind die Füße. Das Gesicht wird mit Mandelstiften gestaltet. Herd auf 190 Grad vorheizen. Wichtel auf das mit Backpapier belegte Backblech legen und ca. 20 Minuten backen. Nach dem Backen Kapuze und Bart mit Zuckerguss bestreichen und Kokosraspel darauf streuen.

Tipp: In Klarsichtfolie verpackt, sind die Wichtel kleine Geschenke für den 1. Advent oder das Weihnachtsfest.

Adventspunsch

Zutaten für 10 Personen

1 l Wasser, 2 cm Zimtstange, 3 Gewürznelken, 3 Teebeutel Früchtetee, 2 Flaschen Apfelsaft, ausgepresster Saft von 6 Orangen und 4 Zitronen, 4 El Zucker oder Honig
Geräte: 2 Kochtöpfe, Zitruspresse, Messbecher, evtl. Punschgläser.

Zubereitung

Wasser mit Zimtstange und Nelken zum Kochen bringen. Teebeutel hineingeben und 5 Minuten ziehen lassen. Die Säfte in einem zweiten Topf mit dem Zucker erhitzen (nicht kochen!). Tee dazugießen.

KINDER FEIERN FASCHING

Einleitung

Fest der Verwandlung und Ausgelassenheit

Schon im Alten Venedig galt im Karneval das Motto: »Das tun, was nicht erlaubt ist und so sein, wie man gerne möchte!« Und so verkleidete sich das Volk und schlüpfte in andere Rollen. Die Menschen versammelten sich auf öffentlichen Plätzen und machten sich über ihre weltlichen und kirchlichen Herrscher lustig.

Für Kinder ist es nicht viel anders: Es macht ihnen Spaß, sich zu verkleiden und in andere Rollen zu schlüpfen. Aufregend ist es, jemand anderer zu sein, schön, liebreizend und edel, oder gefährlich, stark und mächtig – und Verkleidung macht Verwandlung möglich. Die Kinder beschäftigen sich intensiv mit ihren Wunschbildern und nicht selten wählen sie ein Kostüm, in dem sie sich alle Freiheiten nehmen können. – Und die Erwachsenen stimmen dem zu und helfen bei der Realisierung.

Festgestaltung

Bevor Sie sich mit vielen Ideen in die Planung und Organisation der Faschingszeit und des Faschingsfestes stürzen, sollte sich das Team der Kindertagesstätte einig sein, in welcher Form das Fest stattfinden soll. Also ist zu diskutieren, ob man bei Altbewährtem bleibt oder kleine Abwandlungen nötig sind. Womöglich ist es an der Zeit, dem Fest auch einmal einen ganz anderen Rahmen und Verlauf zu geben. Auch ist zu erörtern, ob mit oder ohne Eltern gefeiert wird. Die Konzeption des Hauses bestimmt sicher auch den Rahmen eines Festes mit. In einem »offenen Haus« z. B. feiern sicher alle Kinder der Kindertagesstätte gemeinsam. Das würde auch eine Einbeziehung aller Räumlichkeiten bedeuten. Vielleicht öffnen Sie aber auch einmal Ihre »geschlossenen Gruppen« für das bunte Faschingstreiben.

Die Frage der Themenwahl ist von großer Bedeutung und ausschlaggebend für das Gelingen des Festes. Es stellt sich die Frage: Legt die Einrichtung Wert auf ein gemeinsames Motto, oder wünscht sich jede Gruppe ein individuelles Thema? Sinnvoll erscheint es allenfalls, die Kinder in die Themenwahl mit einzubeziehen, denn es ist ja ihr Fest! Leicht finden Sie zu einem geeigneten Thema, wenn Sie den Alltag der Kinder analysieren. Bei Ihren Beobachtungen stellen Sie fest, was die Kinder gerade bewegt und interessiert, welche Bedürfnisse sie derzeit haben. Vielleicht ist auch der jeweilige Gruppenname ausschlaggebend für das Faschingsmotto. Die Schmetterlingsgruppe feiert ein Schmetterlings- und Elfenfest oder die Larifarigruppe ein Kasperlfest, die Affenbande eine Dschungelparty und die Walegruppe wählt die Unterwasserwelt zu ihrem Thema.

Allein schon die Vorbereitungen machen großen Spaß. Gönnen Sie sich und den Kindern ausreichend Zeit und setzen Sie Ihre Faschingsparty als Höhepunkt eines Projektes ein. Wenn Sie rechtzeitig mit dem Thema Fasching beginnen, bleibt auch Zeit, den Hintergrund, das Brauchtum und die Symbolik zu vermitteln, was für die Kinder mit Sicherheit von Interesse ist.

Verkleidung

Die Party steht sicher unter einem ausgewählten Motto, daraus ergibt sich die Forderung nach entsprechender Verkleidung, nach passenden Masken. Doch scheint es so, als würden weder die Jungen auf ihr Cowboykostüm verzichten wollen, noch die Mädchen auf ihr Prinzessinnenkleid. Oft steht dieser Wunsch schon Wochen gar Monate im Voraus fest. Auch die Eltern haben ihre Vorstellungen und Wünsche. Deshalb ist es sinnvoll, eine kreative Party unter einem Motto, das die Kinder mitbestimmen, zu veranstalten und eine weitere Party, in der die Kinder mit ihren gewünschten Kostümen erscheinen.

Damit die Kinder, die aus irgendwelchen Gründen von zu Hause ohne Verkleidung kommen, auch in andere Rollen schlüpfen können, sollten Sie einen Fundus an Verkleidungsmaterialien in der Kita anlegen. Bitten Sie die Eltern im Laufe der Faschingszeit ausgediente Kleidungsstücke, die sich zum Verkleiden eignen, mitzubringen. Gestalten Sie zur Party eine Ecke oder ein Nebenzimmer als Garderobe, in der Hüte, Taschen, Tücher und Kleidungsstücke angeboten werden. Auch Schminkutensilien und ein Spiegel dürfen nicht fehlen. Ein Vorhang oder Paravent schützt die Kinder vor Zuschauern und so können sie sich ungestört einer ihrer Lieblingsbeschäftigungen widmen.

Faschingspartys

Nicht alles auf einmal! Langsam wächst die witzige, originelle Dekoration, bis sie dann letztlich zur Party den Höhepunkt an Farbenfreudigkeit erreicht hat. Die Gestaltung ist vom gewählten Motto beeinflusst und wird, soweit wie möglich, mit den Kindern hergestellt. So wachsen sie in das Thema hinein und sind eingestimmt.

Dekoriert wird alles was möglich ist, Decken, Wände, Fenster, Türen und Tische, bis alle das Gefühl haben, wirklich im Dschungel oder in einem Zirkus zu sein. Denken Sie auch an eine Insel, eine Oase der Ruhe, wo sich die Kinder zurückziehen und erholen können. Mit Raumteilern, Moskitonetzen und Vorhängen schaffen Sie separate Bereiche. Auch der Nebenraum wird mit Matratzen, Kissen und Entspannungsmusik z. B. zur Unterwasserwelt.
Folgende Elemente tragen zur erfolgreichen Party bei:

- Lustige Gruppenspiele
- ausgelassenes freies Spielen und Tanzen

- Spiele, bei denen es etwas Leckeres zu essen gibt
- Ruhezonen für die Kinder, denen es zu laut sein könnte
- Überraschungen

▶ Ideen für ein Dschungelfest

Verwandeln Sie Ihren Gruppenraum in einen abenteuerlichen Dschungel mit tropischen Pflanzen, exotischen Tieren, einem Urwaldfluss und Eingeborenenhütten. Die Mitmachgeschichte lädt die Kinder zur »Dschungelexpedition« ein. Ruhige und lebhafte Spiele folgen im Wechsel. Mit selbst hergestellten Lärminstrumenten wird ordentlich Krach gemacht. Buschtrommeln begleiten wirkungsvoll einen von den Kindern erfundenen Eingeborenentanz oder ein Lied. Ebenso können Lieder aus dem »Dschungelbuch«, die auf CD erhältlich sind, zum Tanzen und zum Mitsingen eingesetzt werden. Bei diesem bunten Treiben werden sicher alle hungrig. Und im Urwald wird nach Essbarem gesucht und wie es dort so üblich ist, schlemmen alle mit den Händen. Zum Picknick wird ein großes Tuch auf dem Boden ausgebreitet. Köstlichkeiten wie exotische Früchte und Nüsse, die in mundgerechten Happen angeboten werden, ergänzen sich mit herzhaften und süßen Speisen. Das Picknick ist nicht vollständig vorbereitet. Einiges wird von den Kindern organisiert. So fangen sie das Gurkenkrokodil ein und pflücken Bananen von der Palme. Auch Süßigkeiten sind im dichten Dschungel versteckt und das gemeinsame Suchen danach macht einen Riesenspaß.

▶ Ideen zum Zirkusfest

Der Zirkus »Domino« ist für Kinder eine zauberhafte Welt voller Geheimnisse, Abenteuer und jeder Menge Spaß. Dieses Thema lässt viel Freiraum für alle möglichen Einfälle und Aktivitäten. Je nach Interesse und Talent können die verschiedensten Rollen gewählt werden: Als Clown verkleidet darf man lustige Streiche aushecken, als Raubkatze brüllen und aggressiv sein, als Zauberer das Publikum in Erstaunen versetzen. Körperliche Geschicklichkeit, Ausdrucksfähigkeit, eine Rolle glaubwürdig zu gestalten, Mut, sich vor einem Publikum zu präsentieren, sind nur einige der Fähigkeiten, die von Kindern spielerisch eingeübt werden. Neben den Artisten zählt eine ganze Reihe von Personen zu den wichtigen Mitgestaltern einer Zirkusvorstellung. So braucht man auch Dekorateure, Kassenwarte, Platzanweiser, Kuchenverkäufer und vor allem einen Zirkusdirektor. Kaum ein anderes Fest hält eine solche Vielfalt an Rollen bereit. Planen Sie ausreichend Zeit ein, damit in Ruhe Tricks und Zirkusnummern eingeübt werden können und eine Zirkuswelt entsteht. Vor der Galavorstellung erfolgt die Generalprobe. Nicht Perfektion, sondern Spielfreude ist Trumpf. Fehler und Ausrutscher dürfen passieren, denn gerade die Unvollkommenheit macht den Reiz eines Kinderzirkus aus. Trotzdem kann mit den Kindern geübt werden, wie solchen Ausrutschern, z. B. durch das Einfügen einer Verbeugung, durch Abbruch und Neubeginn, begegnet werden kann.

Ein großes, lustig gestaltetes Plakat lädt zum Kinderzirkus Domino ein. Der Raum wurde in ein Zirkuszelt verwandelt. Im Vorraum ist die Kasse untergebracht. Hier erhalten die Gäste ihre Eintrittskarte und einen Programmzettel. Zur Zirkuseröffnung eignet sich das Vorspiel zu »Carmen« von George Bizet. Während die Musik von der CD erklingt, übernehmen Erwachsene oder ältere Kinder die Rolle des Platzanweisers. Das gemeinsame Singen eines Begrüßungsliedes, begleitet vom Zirkusorchester, ist auch das Signal für den Zirkusdirektor, die Manege zu betreten. »Hochverehrtes Publikum, ich begrüße sie auf das Herzlichste im Kinderzirkus Domino. Sie werden in den nächsten Stunden die herrlichsten und gefährlichsten Attraktionen der Welt sehen. Als erstes ...« Plötzlich stürmen zwei Clowns, ausgestattet mit einem Riesenmikrofon, in die Manege. Sie versuchen den nächsten Programmpunkt anzusagen, werden aber von anderen Clowns mit Wasserpistolen bespritzt und verjagt. Endlich kann der Zirkusdirektor mit seiner Ansage fortfahren: »Als erstes, mein verehrtes Publikum, darf ich Ihnen Donna Esmeralda, die Frau ohne Nerven, mit ihrer Löwentruppe ansagen.« Nach einem Tusch der Musikkapelle erfolgt der Auftritt. Nach der Vorführung bekommt sie tobenden Applaus und Donna Esmeralda bedankt sich mit einer Verbeugung. Der Direktor verabschiedet sie wieder und kündigt neue Attraktionen an. Es folgt ein Wechsel zwischen Nervenkitzel, Tiernummern, Akrobatik, lauten und leisen Attraktionen. Eine der Zirkusnummern bildet den absoluten Höhepunkt der Vorstellung und wird vom Direktor wort- und gestenreich angekündigt. Notwendige Pausen füllen die Clowns mit ihren Späßen. Untermalt von klassischer Musik blasen Clowns zum Ausklang der Vorstellung Seifenblasen in die Zuschauerreihen. Zum großen Finale ziehen nochmals alle Mitwirkenden in die Manege ein und verabschieden sich vom Publikum.

Auf einem Zirkusfest gibt es neben herzhaften Speisen auch süßes Naschwerk. Zum Speisen- und Getränkeangebot könnte gehören: Kleine Wiener Würstchen und Kartoffelsalat, Hot Dogs, Schaumküsse, Krapfen, Blechkuchen, Rätseltörtchen, Popcorn, Lutscher, Waffeln, Limonade, Früchtetee, für die Erwachsenen Kaffee und Tee.

▶ Ideen zu einem Maskenfest

Kinder leben das ganze Jahr über mit ihren Wunschbildern. Sie verkleiden sich, wann immer sie dazu Lust haben, egal ob Fasching ist oder nicht. Dabei sind sie nicht auf vollständige Verkleidung angewiesen. Oftmals reichen symbolische Attribute, die sie auch selbst basteln, Dinge die sie umfunktionieren, Tücher, ein alter Rock und dergleichen, um in andere Rollen zu schlüpfen. – Nichts liegt also näher, dieses Bedürfnis der Kinder aufzugreifen und in Form eines Maskenfestes den Fasching zu feiern.

Ein Maskenfest kann auch relativ spontan und ohne große Vorbereitung inszeniert werden.

Eine vielseitige Materialsammlung regt die Kreativität der Kinder an. Hier geht es wieder einmal nicht ohne Eltern. Diese werden gebeten, ihren Haushalt mit anderen Augen zu betrachten. Was nicht mehr gebraucht wird und sich zum Verkleiden eignet, nimmt die Einrichtung gerne entgegen. Die Kindergruppe und die Erzieherinnen freuen sich über jedes Mitbringsel.

Das können Sie brauchen:

Müllsäcke in allen Farben und Größen, Papiertüten.
Alle Variationen von Folien, Noppenfolie, Alu-, Spiegel-, Malerfolie, Plastikplanen.
Alle möglichen Papierarten, wie Wellpappe, Geschenkpapier, Papiertüten, Schachteln oder Eierkartons.
Schnüre, Schleifen, Bänder, Seidenblumen, Federn.
Verschiedene Stoffe: Bettlaken, bunte Tücher, alte Tischdecken, Vorhänge und Gardinen, Tüll, Satin, Netze, Moskitonetze, Kartoffelsäcke, Zwiebelnetze, Orangensäckchen, Filz, Leder, ausgediente interessante Kleidungsstücke evtl. mit Glitzer, Pailletten, Fell, Federn, alte Hemden, lange Röcke, Krawatten, Fliegen.
Hüte, Handschuhe und Taschen, Brillengestelle, Schuhe in allen Variationen und vieles mehr!

Kostümbeispiele:

Ballerina- oder Prinzessinnenkleider können aus Müllsäcken, Tüll und Federn, aber auch Wellpappe oder Zeitungspapier entstehen. Verziert werden sie mit Federn und Bändern, ein Tortendeckchen wird zum Kragen, eine Gardine zum Schleier und Seidenblumen auf die Hausschuhe gesteckt, vervollkommnen den Prinzessinnenlook.
Masken und Hüte aus Tüten oder Wellpappe, verziert mit Glitzer, Federn, Fellresten.
Ritterrüstungen aus Metallfolien, Wellpappe, um nur einige Beispiele zu nennen. In erster Linie sollte man den Ideen der Kinder freien Lauf lassen!

Die Party

Den Einstieg bildet das Singen eines gemeinsamen Faschingsliedes. Nun geht's ans Wühlen im Fundus, ans Gestalten und Schminken. Den Ideen sind keine Grenzen gesetzt. Je verrückter, desto besser. Bis sich jedes Kind ein Kostüm ausgedacht und verschiedene Dinge selbst hergestellt hat, das kann dauern. Aber es steht nicht unbedingt das Endprodukt im Vordergrund. Denn das Verkleiden macht den Kindern großen Spaß, und ein Kostüm kann immer wieder verändert werden, bis das Kind letztendlich mit seiner Kreation zufrieden ist. Erstaunlich ist es, wie sich die Kinder

mit Begeisterung in die Aufgabe stürzen, wie kreativ sie sind, wenn ihnen die entsprechenden Materialien angeboten werden und wie hilfsbereit sie sind.
Das Vorführen der Masken in Form einer Modenschau mit Ansage und peppiger Musik macht einen riesigen Spaß. Die Kinder denken sich einen Namen für ihr Kostüm aus und erzählen, aus welchem unbekannten, fernen Land sie kommen. Schlemmen am Büffet gehört dazu. Dort warten die leckersten Gerichte, natürlich alle auf das Motto bezogen, so gibt es z. B.:
Hände und Masken aus Quarkölteig, Mohrenköpfe mit aufgemalten Gesichtern und Papphütchen, Pudding mit einem Gesicht aus Zuckerschrift oder Smarties und Mini-Pizzas mit Gesicht aus Salamischeiben und Karotten oder Paprikaschnitten, Trinkschokolade mit Marshmallow-Augen.
Freies Tanzen nach Lust und Laune und ein Überraschungsgast, z. B. die verkleidete Erzieherin aus einem fremden Land, sind ebenfalls wichtige Elemente einer gelungenen Party. Einen gemeinsamen Abschluss bildet ein Maskentanz oder eine Polonaise. Hier kommen die Kostüme noch einmal richtig zur Geltung!

▶ Ideen zur Wilden-Kerle-Party

Das brauchen die Kinder, um sich in wilde Kerle oder Max (nach dem Buch von Maurice Sendak *Wo die wilden Kerle wohnen*) zu verwandeln und den Raum in eine andere Welt:
Müllsäcke in grau für die wilden Kerle, in weiß für Max
Müllsäcke in blau für das Meer
Netze und Säcke zum Anziehen. Dazu große alte Schuhe, Moonboots
alte Pelzmützen, Felle, Fuchsschwanz
Aus Alufolie oder Metallbastelfolie können fürchterliche Krallen gewickelt werden, die dann auf die Finger gesteckt die Verkleidung allmählich vervollkommnen. Auf einen Haarreifen werden mit Pfeifenputzern Ohren oder Hörner gebogen. Aus Pappe könnte man Ohren und Hörner ausschneiden und diese auf dem Haarreif befestigen. Alte Pappnasen könnten neu angemalt oder mit Pappmachee verlängert werden.

Schminken

Das Angebot an Schminkstiften, Schminke in Cremeform, Nassschminke und selbst hergestellte Schminke, schafft für die Kinder ein Verwandlungsparadies.
Haargel braucht man dringend, um die wildesten Frisuren zu gestalten. Vielleicht greifen manche Kinder lieber zu Kamm und starkem Haarspray, toupieren und sprayen was das Zeug hält, um sich in einen wilden Kerl zu verwandeln.
Entweder kommen die Kinder bereits verkleidet und geschminkt als Max und die wilden Kerle, die Erzieherin vielleicht als Mutter oder, – warum nicht? –, als ganz wilder Kerl in die Einrichtung, oder sie maskieren und schminken sich erst in ihrer Gruppe. Letzteres wird dann bereits ein Teil der Festgestaltung sein.
Das gemeinsame Singen des »Wilde Kerle Songs« schafft einen lustigen, lebendigen Einstieg und verbindet die Gruppe zu einer wilden Gesellschaft. Die Kinder geben sich einen fürchterlichen Namen, und stellen sich einzeln mit Fauchen, Zähnefletschen und Augenrollen vor. Dabei können alle Kinder die gelungene Verkleidung bewundern und beklatschen. Die wilden Kerle ziehen in einer Polonaise durch das ganze Haus, bis sie zum Land der wilden Kerle kommen. Sie machen unterwegs in der Halle lustige Spiele oder führen dort ihr Stehgreifspiel mit den Krachmacherinstrumenten auf. Oder die »wilden Kerle« als Stabfigurenspiel kommt zum Einsatz, womit eine ruhigere Phase der Party eingeleitet werden könnte. Zurück im Gruppenraum, der zur Insel gestaltet ist, können sich die wilden Kerle am Inselbüffet bedienen. Gegessen wird auf dem Boden sitzend und natürlich mit den Fingern, eben wie die wilden Kerle.
Zum Abschluss dieses sicherlich etwas wilderen Festes würde sich eine Phantasiereise eignen, die es den Kinder erleichtert wieder etwas zur Ruhe zu finden.
Ein Höhepunkt eines „Wilde Kerle Faschings“ könnte ein Rollenspiel sein. Alle Kinder sind an der Geschichte beteiligt.

Essen und Trinken

Wir backen wilde Kerle aus Plätzchenteig. Auch Schlangenbrot und Riesen-Hände mit Krallen aus Quarkölteig sind genau das Richtige für das Büffet der wilden Kerle. Bunte Säfte mit Marshmallow-Augen oder ein Zaubertrunk löschen den Durst der Wilden.

Maskieren, Verkleiden, Dekorieren

Tierkopf-Masken

Die Grundform dieser Maske lässt sich mit wenigen Veränderungen ideal erweitern zu: Pferd, Esel, Zebra, Giraffe, Kamel.

Das braucht man

3 Zeichenkartons, Schere, Kleber, Farben zum Bemalen, Wollreste.

So wird's gemacht

Zwei Zeichenkartons (Kopfteil und Halsteil) wie in der Abb. dargestellt zuschneiden. In einen von beiden das Loch mit den Zacken einschneiden. Hier wird der andere Karton als Hals befestigt. In den Hals Löcher in Augenhöhe des Kindes schneiden.
Aus Zeichenkarton Unterteil und Oberteil des Maules und die Ohren schneiden.
Kopfteil und Halsteil jeweils zu einer zylindrischen Röhre zusammenkleben. Den Hals in das Loch des Kopfes stecken und festkleben.
Einschnitte von Ober- und Unterteil des Maules wie Abnäher zusammenkleben, so dass leicht gerundete Formen entstehen. Maul an den Kopf kleben. Einschnitte an den Ohren wie Abnäher zusammenkleben. Ohren an den Kopf kleben. Kopf bemalen, Mähne aus Wollresten anbringen.

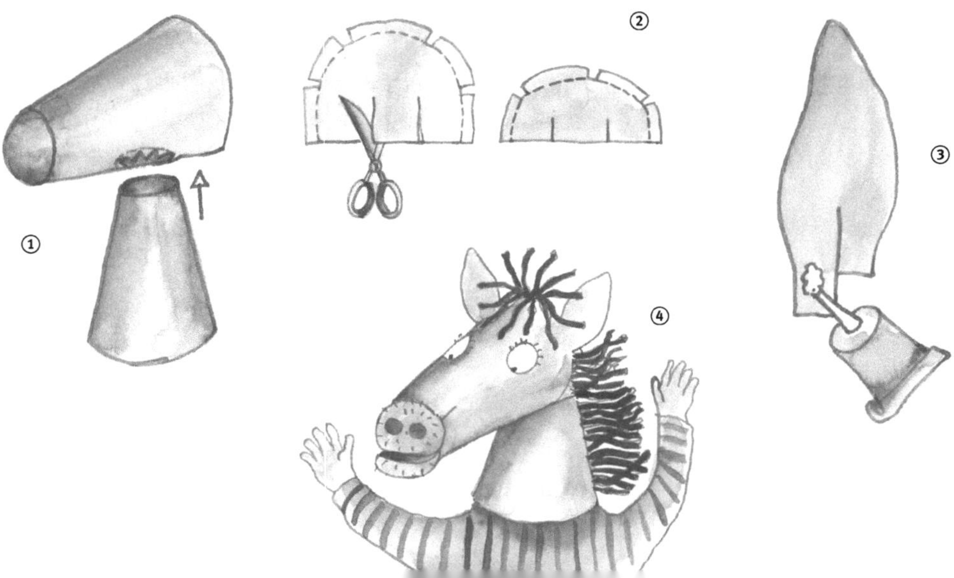

Flügel für Elfen, Schmetterlinge, Engel und andere Phantasiegestalten

Das braucht man

Pappkarton, Stifte, Malfarben, Schere, Gummiband.

So wird's gemacht

Doppelflügel in gewünschter Form auf den Karton aufzeichnen und nach Wunsch ausmalen. Trocknen lassen. In der Mitte ein Falz knicken. Über der Mitte rechts und links Löcher bohren und jeweils ein Gummiband anknoten. So eng, dass ein Kind mit seinen Armen durchkommt und das Gummiband aber stramm genug ist, um die Flügel zu halten.

Haarreifen mit Ohren oder Hörnern für Tiere und Fabelwesen

Das braucht man

Haarreif, Pelzimitat oder Samt, Filz, Nadel, Faden, Schere, Maßband, Textilkleber. Für ein Schnittmuster Papier und Bleistift, Füllmaterial für die Hörner: Schaumstoff oder Watte. Der Materialbedarf muss dem entsprechenden Maskenwunsch angepasst werden.

So wird's gemacht

Länge und Breite des Haarreifs messen und Stoffstreifen doppelt so breit ausschneiden. Den Streifen um den Haarreif legen, entweder zusammennähen oder mit Textilkleber ankleben. In die Innenseite des Haarreifs können Sie einen Filzstreifen kleben. Für die Ohren und Hörner ein Schnittmuster auf das Papier zeichnen, auf den Stoff legen und ausschneiden.
Für jedes Ohr/Horn brauchen Sie zwei Teile, die Sie dann zusammennähen, umstülpen und auf den Haarreif nähen.
Während die Ohren durch den doppelten Stoff gut stehen, müssen die Hörner mit Schaumstoff oder geknülltem Papier gefüllt werden.

Variation: Diese Ohren lassen sich auch nur aus Haarreif und Papier herstellen.

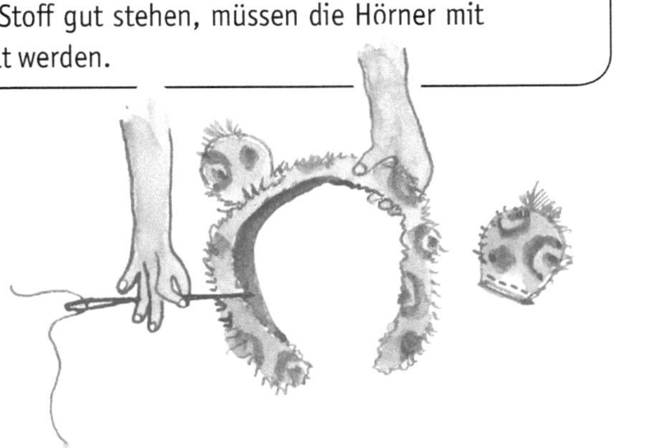

Gipsmasken

Da jüngere Kinder bei dieser Technik Angst haben könnten, sollte die Erzieherin entscheiden, ob ihre Gruppe dem gewachsen ist. Die Masken können alternativ auch von Perückenköpfen aus Styropor oder von einem aufgeblasenen Luftballon abgenommen werden.

Das wird gebraucht

Gipsbinden (gibt es im Bastelladen), Schere zum Schneiden der Binden, Badekappe oder Stirnband (um den Haaransatz zu schonen), Vaseline zum Eincremen des Gesichtes, Folien, Schürze oder Handtuch zum Abdecken des Oberkörpers, damit dieser nicht schmutzig wird, eine Schüssel warmes Wasser zum Eintauchen der Gipsbinden (warmes Wasser ist wesentlich angenehmer!).

So wird's gemacht

Erst ist zu besprechen, ob bei dieser Maske der Mund geschlossen oder geöffnet dargestellt werden soll. Dann die Gipsbinden in ca. 10 cm lange Streifen schneiden, Badekappe oder Stirnband aufsetzen, das Gesicht mit Vaseline dick eincremen. Nun die Gipsbinden kurz in das warme Wasser tauchen und auf das Gesicht auflegen. Dabei soll jede Handlung mit erklärenden Worten begleitet werden, damit sich derjenige, der die Maske abgenommen bekommt, sicher und wohl fühlt. Circa fünf Schichten übereinander garantieren die Stabilität der Maske. Augen und Nasenlöcher werden natürlich freigelassen. Nach dem Auflegen der Streifen werden Unebenheiten verstrichen, dazu kann man ebenfalls ein Stück Binde benutzen, die etwas Gips abgibt. Die Maske mindestens fünf Minuten auf dem Gesicht trocknen lassen. Zum Ablösen sollte das Modell Grimassen schneiden. Jedes Kind, das Modell saß, wird fasziniert sein von seinem Abdruck.

Schminkideen
... wilde Kerle

Das wird gebraucht

Faschingsschminke oder selbst hergestellte Schminke, mehrere Spiegel

So wird's gemacht

Mit den Kindern wird besprochen, wie die wilden Kerle im Gesicht aussehen sollen. Die Kinder schminken sich selbstständig. Anschließend können die »Wilden Kerle« auch als Rollenspiel aufgeführt werden!

... Leopard

Augen grau und schwarz umranden. Gelbe Tupfer ins Gesicht verteilt, auf diese etwas Glitzerfarbe schminken.

... Tiger

Gesicht gelb grundieren, weiße und schwarze Streifen darauf malen.

... Affe

Augen und Mund weiß umranden. Danach Konturen in Schwarz ziehen. Auch eine Gesichtskontur in Schwarz. Innerhalb der Gesichtskonturen hellbraun ausmalen.

... Schmetterling

Konturen des Schmetterlings mit farbigen Schminkstiften auf das Gesicht zeichnen. Von der Stirnmitte über die Nase bis zum Mund den Schmetterlingskörper in Braun oder Schwarz aufmalen. Die Flügel laufen über die Augen. Das Auge des Kindes ist Mittelpunkt der oberen Flügel. Bunt ausmalen und Fühler nicht vergessen.

Schwanz für wilde Kerle und andere gefährliche Tiere

Das braucht man

Alte schwarze, braune oder graue Kinderstrumpfhose. Schere, Gummiband, Zeitungspapier, Filz oder andere Stoffe, Nähzeug.

So wird's gemacht

Ein Strumpfhosenbein abschneiden und mit Zeitungspapier ausstopfen. Die offene Seite verknoten. Schwanz mit Sicherheitsnadel feststecken oder am Kostüm annähen. Aus dem Filz oder Stoff Flicken ausschneiden und mit Textilkleber auf den Schwanz kleben.

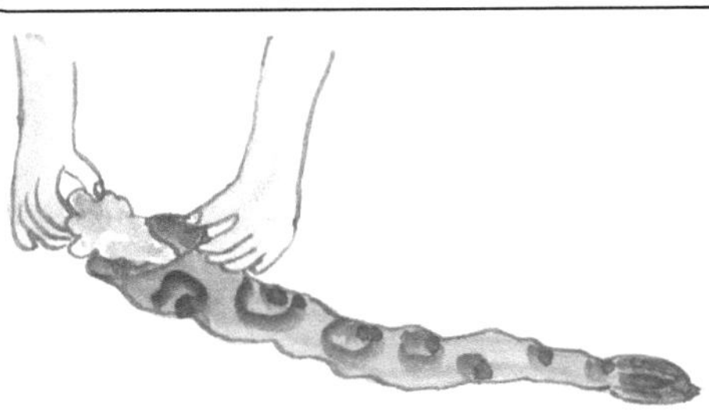

Papierblumen

Blumen aus Krepppapier sind äußerst dekorativ und relativ schnell herzustellen.

Das braucht man

Krepppapier in bunten Farben für die Blüten, grünes Krepppapier für Stiel und Blätter, weißes Seidenpapier für Staubfäden, Blumendraht in etwas stärkerer Qualität, Klebstoff, Klebeband, Schere.

So wird's gemacht

Von einer Rolle Krepppapier einen etwa 15 cm hohen und 1,50 m breiten Streifen abschneiden. In einer Faltbreite von etwa 10 cm ziehharmonikaartig falten. Mit der Schere oberen Teil zur Blütenform abrunden. Es entsteht eine Blütengirlande. Für die Staubfäden ein 30 cm x 15 cm großes Seidenpapier zurecht schneiden. Über die ganze Länge im Abstand von 1 cm ca. 10 cm lange Einschnitte machen, so dass ein Bund stehen bleibt. Streifen mit der eingeschnittenen Seite nach oben um Blumendraht wickeln. Das Ende mit einem Tropfen Kleber versehen und fixieren. Mit Klebeband Staubgefäße am Blumendraht befestigen. Blütenblätter-Girlande um die Staubgefäße wickeln. Ende mit Kleber versehen und fixieren. Stiel mit grünem Krepppapier umwickeln. Blätter aus Krepppapier schneiden und am Stil befestigen.

Bananenstaude

Eine Bananenstaude, in der Bananen für das gemeinsame Picknick hängen und sich Affen tummeln, darf auf keiner Dschungelparty fehlen.

Das braucht man

Viele große Pappröhren, Tesakrepp, braunes und grünes Krepppapier, Kleber, Blumendraht, Staude Bananen, Stofftier, einen mit Sand gefüllten Eimer.

So wird's gemacht

Mehrere Pappröhren als Stamm des Bananenbaums aneinander und übereinander kleben, indem man die einzelnen Röhren mit Kreppklebeband fixiert. Stamm mit braunem Krepppapier umhüllen. Lange Blätter, die bis zur Zimmerdecke reichen, aus grünem Krepppapier schneiden. Ränder mit Blumendraht verstärken, dabei Papierkante mit etwas Kleber versehen und über den Draht kleben. Blätter in die oberen offenen Röhren stecken. Einzelne Blätter können auch an der Zimmerdecke oder an einem von der Decke hängenden Netz befestigt werden. Bananenstaude am Stamm befestigen, Stofftier ins Blattwerk setzen und gesamtes Werk in einen mit Sand gefüllten Eimer stecken.

Krokodil

Was wäre der Dschungel ohne einen richtigen Fluss, in dem Krokodile an der Wasseroberfläche faulenzen?

Das braucht man

Je einen 6er- und 10er-Eierkarton, weiße Pappe, Cromarfarben in Grün, Rot, Schwarz und Weiß, Kleber, Nadel und Wollfaden, Schere.

So wird's gemacht

Für den Krokodilkörper großen Eierkarton außen grün anmalen. Für den Kopf kleinen Karton an der zusammenhängenden Seite auseinanderschneiden. Verschlusslasche abschneiden. Beide Teile außen grün und nach dem Trocknen innen rot anmalen. Aus der weißen Pappe langen Schwanz schneiden und von beiden Seiten grün anmalen. Schwanz an den Körper kleben. Aus einem ca. 3 cm breiten Streifen weißer Pappe spitze Zahnreihe herausschneiden und in das Maul kleben. Augen mit weißer und schwarzer Farbe aufmalen. Kopf und Körper mit Hilfe von Nadel und Wollfaden gemäß der Abbildung miteinander verbinden.

Spielen und Tanzen

Dschungelexpedition

Dieses Spiel eignet sich für große Gruppen und stimmt auf das bevorstehende Fest ein. Es handelt sich um eine Mitmachgeschichte, zu der alle pantomimisch spielen und die Geräusche nachahmen.

▶ Geschichte

Ich lade euch heute zu einer Expedition in den afrikanischen Dschungel ein. Sicher habt ihr Lust mich zu begleiten. Bevor wir jedoch losfliegen, müssen wir noch unsere Ausrüstung und Kleidung einpacken! (Die von den Kindern genannten Ausrüstungsgegenstände und Kleidungsstücke aufgreifen und dies pantomimisch darstellen.)

So nun haben wir unseren Rucksack gepackt. Am Flughafen haben wir unser Gepäck aufgegeben und können nun mit dem Jumbojet losfliegen (Arme ausbreiten, Motorengeräusch). In Afrika gelandet, fliegen wir mit einer kleinen Propellermaschine weiter (Fliegen andeuten, lautes Motorengeräusch). Oh je, wir geraten in ein Gewitter, Blitze zucken vom Himmel (Zickzackbewegungen in die Luft malen). Die Maschine schwankt bedenklich (schwanken). Gott sei Dank, das Gewitter zieht ab und wir können sicher landen. Die Bewohner des kleinen Dorfes am Rande des Dschungels erwarten uns schon. Sie stimmen zu unserer Begrüßung ein Lied an (z. B. Atte katte nuwa). Zu unserer Erfrischung reichen sie uns einen köstlichen Fruchtsaft (trinken) und verabschieden uns dann (winken). Wir haben noch einen weiten Weg vor uns. Noch bevor die Nacht hereinbricht, wollen wir unser Lager am Fluss aufschlagen. Wir marschieren los (auf der Stelle gehen). Dichtes Blattwerk versperrt uns den Weg. Wir ziehen unser Buschmesser aus dem Schaft und schlagen Äste und Blätter ab (ausholende Bewegungen). Es ist schwül, der Schweiß tropft von der Stirn. Wir wischen ihn ab (mit dem Handrücken über Stirn wischen). Müde geworden vom langen Marsch, machen wir Rast unter einem hohen Baum (hinsetzen). Nun bemerken wir, wie laut der Urwald ist. Vögel zwitschern (imitieren von Vogelstimmen), Affen kreischen (kreischen), Wespen summen (summen) und in der Ferne hören wir das Brüllen eines Tieres (verhaltenes Brüllen). Wir nehmen nochmals einen kräftigen Schluck aus der Wasserflasche (trinken), bevor wir uns auf den weiteren Weg machen (aufstehen). Wir wandern weiter (gehen) und nach kurzer Wegstrecke versinken wir mit unseren Füßen im Morast (Füße langsam hochziehen). Vor uns liegt eine tiefe Schlucht. Wir müssen auf die andere Seite. Eine Hängebrücke führt darüber. Wir gehen vorsichtig, einen Fuß langsam vor den anderen setzend, über die schwankende Brücke

(Balancierbewegungen nachahmen). Geschafft, wir haben die gegenüberliegende Seite der Schlucht erreicht. Wir gehen durch hohes Gras (Beine hochziehen). Wieder versperrt uns dichtes Gebüsch den Weg. Wir holen unser Buschmesser hervor und schlagen uns einen schmalen Pfad frei (ausholende Bewegungen). Zweige hindern uns am Durchkommen. Wir schieben sie zur Seite. Da, oh Schreck (Pause, um die Spannung zu erhöhen), schauen wir in ein Paar große leuchtend gelbe Augen und in ein weit aufgesperrtes Maul. Wir schreien so laut wir können (schreien) und rennen davon (auf der Stelle laufen), schieben die Zweige zur Seite und rennen so schnell wir können zur Hängebrücke und sehen uns immer wieder ängstlich um (Kopf wenden). Wir gehen schwankenden Schrittes über die Brücke (Balancierbewegungen machen), hören das Konzert der Dschungeltiere (Tiergeräusche Affen, Vögel, Wespen) und hören in der Ferne das Brüllen eines Tieres (Geräusch nachahmen). War es das wilde Tier, dem wir begegnet sind? Wir wissen es nicht. Der Schweiß rinnt uns von der Stirn. Vor uns wächst dichtes Gebüsch, doch wir erkennen den Pfad, den wir uns beim Hinweg geschlagen haben. Wir schieben die Zweige zur Seite und sehen unser Dorf. Wir sind gerettet! Erleichtert stimmen wir in das Lied der Dorfbewohner ein, das aus der Ferne zu uns herüber klingt (gemeinsames Singen).

Schlangengrube

In der Schlangengrube ringeln sich viele Schlangen, aber nur eine davon ist giftig. Welches Risiko geht der Schlangenfänger ein? Ein spannendes Spiel, bei dem jeder seinen Mut beweisen kann.

Das braucht man

Schlangen aus Fruchtgummi, Teller.

Spielregel

Der Spielleiter stellt einen mit ca. sechs Fruchtgummischlangen belegten Teller in die Kreismitte. Ein Kind verlässt als Schlangenfänger den Raum. Ein anderes bestimmt nun, welche der Schlangen giftig ist und nicht berührt werden darf. Das Kind wird hereingerufen und darüber informiert, dass eine der Schlangen giftig ist. Es darf so viele einsammeln, wie es will und diese behalten. Sollte es aber die giftige Schlange berühren, muss es alle bis dahin eingesammelten Schlangen wieder auf den Teller zurücklegen. Berührt es die Giftschlange, stoßen die anderen Kinder Warnschreie aus.

Clownnummern

Schon das Verkleiden und Schminken als Clowns bereitet den Kindern viel Spaß. Eine rote Knollennase, weiße Schminke, ein großer Mund, eine struppige Perücke, zu große Hosen und Schuhe stimmen die Kinder aufs Spaßmachen ein. Meist denken sich die Kinder selbst eine Clownnummer aus. Deshalb hier nur zwei Anregungen:

Tauziehen

Zwei Clowns ziehen an einem Seil. Sie streiten und plagen sich. Mitten in der größten Anstrengung schleicht sich ein dritter Clown heran und schneidet mit einer großen Schere das Seil durch. Beide fallen mit viel Geschrei auf die Nase.

Der starke August

An den beiden Enden eines Besenstiels werden gleich große quadratische Pappkartons befestigt, die zuvor schwarz angemalt wurden. Der starke August versucht mühsam, das Gewicht hochzuheben. Da kommt ein Clown und nimmt es einfach unter den Arm.

Suleika, die Bauchtänzerin

Vor allem türkische Mädchen beherrschen den Bauchtanz und sorgen auch für die passende Musikauswahl und das entsprechende Kostüm. Suleika (oder Name des Mädchens) tanzt mit bunten Chiffontüchern am Rock durch die Menge. Nach und nach wirft sie die Tücher ins Publikum. Wer ein Tuch fängt, tanzt mit.

Donna Esmeralda mit ihrer Löwengruppe

Unter dem Beifall der Zuschauer schreitet Donna Esmeralda in die Manege. Sie verbeugt sich nach allen Seiten vor ihrem Publikum. In der Hand trägt sie einen Stock und eine Peitsche. Dreimal knallt sie mit der Peitsche, das ist das Zeichen für die Löwen, in die Manege zu laufen. Mit Stock und Peitsche dirigiert Donna Esmeralda die Raubkatzen auf die vorbereiteten Podeste. Sie stellt die Löwen einzeln mit ihren Namen vor und knallt dabei jedes Mal zuvor mit der Peitsche. Das ist für die Löwen die Aufforderung, ein Männchen zu machen. Ein Löwe, Simba, ist jedoch unruhig, er faucht und kann erst nach mehreren Versuchen dazu gebracht werden, sich auf die Hinterbeine zu stellen. Die Löwen zeigen noch ihr weiteres Können und drehen sich nacheinander im Kreise. Dann folgt der absolute Höhepunkt. Nach einem Trommelwirbel bittet der Zirkusdirektor um absolute Stille beim Publikum. Donna Esmeralda geht zu Simba, dem aggressivsten Löwen, legt Stock und Peitsche zur Seite und steckt todesmutig die Hand in das Maul des Löwen. Der Löwe beißt nicht zu! Tobender Beifall des Publikums. Dann springen die Raubkatzen durch einen Reifen und die Nummer ist beendet.

Hula-Hoop

Der Zirkusdirektor kündigt eine Truppe aus Hawaii an. »Hochverehrtes Publikum, jetzt werden wir Sie für kurze Zeit nach Hawaii entführen. Begrüßen wir mit einem kräftigen Applaus unsere Truppe aus Hawaii.« Dunkel geschminkte Mädchen und Jungen mit Blumenketten und Blumenkränzen laufen in die Manege. Sie treiben einen Hula-Hoop-Reifen vor sich her. Zu entsprechend exotischer Musik führen sie ihre Kunststücke mit dem Reifen vor. Sie lassen den Reifen um die Hüfte, dann oberhalb der Kniekehlen kreisen. Ein Trommelwirbel kündigt den Höhepunkt an. Einer der Artisten tritt vor und bekommt von einer Assistentin kleine Pappreifen gereicht, die er um die Handgelenke kreisen lässt, während sich der Hula-Hoop-Reifen um die Hüfte bewegt. Am Ende stellen sich alle in eine Reihe und heben ihre Reifen hoch. Eine kurze Verbeugung nach allen Seiten beendet die Vorstellung.

Schachteltanz

Das braucht man

Einen großen Karton weniger als die Anzahl der mitspielenden Kinder, Disco- oder Kindertanzmusik.

So wird getanzt

Alle weiß gekleideten Vampire, alle wilden Tiere beim Dschungelfest oder alle wilden Kerle tanzen im Dunkeln zu Discomusik. Ein Kind zählt bis zehn, knipst dann das Licht an, alle Kinder kreischen und huschen in die aufgestellten Schachteln. Wer kein Versteck findet, muss ausscheiden, darf aber dann die Aufgabe übernehmen, bis Zehn zu zählen und das Licht auszuschalten.

116 Hei, wir feiern Fasching

Text und Musik: Stephen Janetzko, © Edition SEEBÄR-Musik, www.kinderlieder-und-mehr.de

2. Willst du Indianer sein...
3. Willst du Prinzessin sein...
4. Willst ein Pirat du sein...
5. Willst du ein Tiger sein...

Mögliche weitere Strophen:
Willst du ein Cowboy sein...
Willst du ein König sein...
Willst du ein Zaubrer sein...
Willst eine Fee du sein...
Willst Polizist du sein...
Willst du Chinese sein...
Willst du ein Esel sein...
Willst du ne Katze sein...
Willst du ein Bienchen sein...
Willst eine Maus du sein...
Willst Elefant du sein...

Schluss-Strophe:
Beim Polonäsen-Schritt
Da geht ein jeder mit.
Häng dich nur hinten an,
wie bei der Eisenbahn!

Spielanleitung

Ein Faschingstanzlied zum Mitmachen für alle. Jeder sucht sich einen Partner.
Beim Refrain singen, tanzen, klatschen alle mit. Die Strophen können je nach gewünschten (wenn wir das Lied vor Rosenmontag singen) oder vorhandenen (bei der Faschingsparty) Kostümen gesungen und variiert werden.
Nach der ersten Zeile »Willst du ein … sein?« machen alle eine Pause und imitieren einen schwertkämpfenden Ritter, machen Indianergeheule, kämmen die Prinzessinnen-Haare, rasseln mit den Piratensäbeln oder was den Beteiligten zum jeweiligen Kostüm einfällt.
Dann singen alle weiter und folgen dem Text: Auf einem Bein springen, zum Partner wenden und wieder gemeinsam tanzen. In der Schluss-Strophe kommt die Polonäse, dazu singen alle den Refrain so lange weiter, wie die Polonäse dauert. Natürlich kann man im Refrain auch je nach Region singen »Hei, wir feiern Fastnacht!« oder »Hei, wir feiern Karneval«!

Rums dideldums

Text: Karola Wilke, Musik: Wolfgang Stumme

2. Rums dideldums didel Fidelbogen,
heute wird durchs Dorf gezogen.
Keiner soll uns Narren kennen,
uns bei unserem Namen nennen.

3. Rums dideldums didel Paukenschlag
ab morgen zähl'n wir jeden Tag,
bis das alte Jahr verklingt
und die neue Fastnacht bringt.

Knabbertanz

Alle Kinder haben Ketten aus Popcorn (alternativ Salzbrezeln) aufgefädelt und sich umgehängt. Jedes Kind sucht sich einen Tanzpartner. Tanzend versuchen die Kinder, sich gegenseitig die Ketten abzuknabbern. Beißen ist verboten, essen ist erwünscht!

Maskentanz

Zur Durchführung des Tanzes setzt jedes Kind, das mitmachen möchte, seine Maske auf und hängt sich ein großes Tuch um. Dieses kann z. B. ein Leintuch oder Stoffbahnen aus alten Vorhängen o. Ä. sein. In der Hand schwingen die Tänzer Seidentücher oder Gardinenreste. Die Kinder schreiten zur Musik durch den Raum, verbeugen sich langsam vor dem Publikum und stellen sich mit ihrem erdachten Maskennamen vor. Anschließend tanzen alle Kinder frei oder bewegen sich zu einfachen Kreistanzformen. Diese Aktion ist auch ein wirkungsvoller Auftritt, wenn Eltern zusehen. Jedes Kind kann dann seine Eltern zum Mittanzen auffordern.
Musikvorschlag: Rondo Veneziano, Venezia 2000, LC 4554.

Schlemmerparadies

Schlangenbrot

Das Schlangenbrot schlängelt sich über den gesamten Tisch. Stangenbrot (Baguette) wird der Länge nach aufgeschnitten und in Portionsstücke geteilt. Ein Ende wird der Kopf, das andere der Schwanz. Als Augen werden Radieschen mit Zahnstochern am Schlangenkopf befestigt. Aus einer roten Paprikaschote wird eine gespaltene Zunge geschnitten. Die übrigen Portionsstücke werden mit Salatblättern, Tomaten und Käse oder Gürkchen und Wurst belegt.

Gurkenkrokodil

Aus einer Schlangengurke das Maul ausschneiden, Perlzwiebeln als Augen mit einem Zahnstocher befestigen. Die vier Beine entstehen aus einer Essiggurke: diese längs und quer durchschneiden. Die Schnittenden so einschneiden, dass Krallen entstehen. Beine mit Zahnstochern feststecken.

Masken aus Quarkölteig

Zutaten

Quarkölteig aus 250 g Mehl, 200 g Magerquark, 6 Esslöffeln Milch, 6 Esslöffeln Öl, 1 Päckchen Backpulver, 1/2 Teelöffel Salz, Mandeln und Rosinen zum Verzieren, Backpapier.

So wird's gemacht

Quark mit Öl, Milch und Salz verrühren. Die Hälfte des mit Backpulver gemischten Mehls unterrühren. Restliches Mehl unterkneten, bis der Teig eine gleichmäßige Beschaffenheit hat.
Auf bemehlter Arbeitsfläche modellieren die Kinder Masken, die dann mit Nüssen, Mandeln und Rosinen verziert werden. Die geformten Masken auf ein gefettetes Backblech legen und bei 150 Grad backen.

Rätseltörtchen

Zutaten für 8 Personen

1 großes Ei, 4 Esslöffel Honig, 65 g Butter, 1/2 Teelöffel Zimt, 75 g Vollkornmehl, Kirschen entsteint aus dem Glas.
Außerdem 16 Papierbackförmchen, Folienstift (permanent).

So wird's gemacht

Ei und Honig mit dem Schneebesen des Handrührers schaumig schlagen. Weiche Butter in kleinen Stücken dazugeben und verrühren. Zimt und Mehl hinzufügen und alles vermischen. Auf ein Papierbackförmchen Rätsel schreiben, die zum Motto des Festes passen. Zwei Papierbackförmchen ineinander stecken und je einen gehäuften Esslöffel Teig hineingeben. Vier bis fünf Kirschen in den Teig drücken und Törtchen im vorgeheizten Backofen bei 180 Grad ca. 15 Minuten backen.

KINDER FEIERN OSTERN

Einleitung

Das Ostergeschehen

▶ Die Karwoche

Für Christen ist die Osterfreude untrennbar verbunden mit der Leidensgeschichte und dem Tod Jesu. Deshalb sollte die Karwoche in den Festkreis mit einbezogen werden. Die Karwoche beginnt mit dem Palmsonntag. Dieser Tag erinnert an den Einzug Jesu in Jerusalem. Im neuen Testament wird berichtet, dass Jesus auf einem Esel nach Jerusalem reitet. Die Bevölkerung empfängt ihn mit Jubel. Sie breitet ihre Kleider sowie Palm- und Ölbaumzweige auf der Straße aus. Dabei rufen die Menschen: »Hosianna dem Sohn Davids! Gesegnet sei er, der kommt im Namen des Herrn. Hosanna in der Höhe.« Der Palmsonntag geht auf diese Begebenheit zurück. Er steht in enger Verbindung mit der folgenden Passionswoche. Diese hat für den christlichen Glauben eine zentrale Bedeutung, weil sie an den Tod und die Auferstehung Jesu erinnert.

▶ Gründonnerstag

Seit etwa 1500 Jahren feiern Christen den Gründonnerstag. Sie bringen diesen Tag in Verbindung mit der Einsetzung der heiligen Eucharistie. Es war der Tag, an dem Jesus mit seinen engsten Vertrauten, den zwölf Jüngern, das Abendmahl einnahm. Es war sein letztes Abendmahl und bedeutete Abschied von seinen Freunden. Gründonnerstag ist ein Tag der Trauer, da der Tod Jesu nahe ist.

▶ Karfreitag

Nach der Überlieferung ist Karfreitag der Todestag Jesu. An diesem Tag fand der Prozess, die Kreuzigung und das Begräbnis Jesu in Jerusalem statt. Der Karfreitag wird als Fasttag und im Zeichen der Stille und Trauer begangen. In vielen Gemeinden finden Kreuzwegandachten und Karfreitagsprozessionen statt.

▶ Der Karsamstag

ist der Tag der Grabesruhe. Da am Sabbat, dem jüdischen Ruhetag, nicht gearbeitet werden darf, wurde Jesus noch am Freitag beerdigt. Vor dem Grab bezogen Wachen Position, damit der Leichnam nicht gestohlen werden konnte.
In der Nacht von Karsamstag auf Ostersonntag wird die Auferstehung gefeiert.

▶ **Der Ostersonntag**
ist der Auferstehungstag. In der Bibel wird die Auferstehung Jesu nicht direkt beschrieben. Keiner hat sie beobachtet. Es gibt lediglich Berichte über das leere Grab, über die Verkündigung eines Engels und die Erscheinungen Jesu bei seinen Jüngern. Für die Christen ist die Auferstehung Jesu das zentrale Ereignis ihres Glaubens, da Jesus durch sie den Tod überwunden hat. Seine Botschaft ist für alle Christen weiterhin lebendig. Sie bestärkt den Glauben und gibt Hoffnung auf ein ewiges Leben. Aus diesem Glauben kann die Kraft für das Leben erwachsen. Ostern wird stets am ersten Sonntag nach dem Frühlings-Neumond gefeiert.

▶ **Ostermontag**
Er steht ganz im Zeichen des Freudenfestes. Die Ostergeschichte vollendet sich im Pfingstfest. Die Botschaft Jesu wird weiter verkündet, erste christliche Gemeinden entstehen in der Folge, in denen Jesus der lebendige Mittelpunkt bleibt.

Österliche Symbole

Im christlichen Osterfest lebt das jüdische Passahfest fort. Es erinnert an die Befreiung der Israeliten aus ägyptischer Sklaverei. Das eucharistische Brot der Christen, die Hostie, hat sein Vorbild im ungesäuerten Brot aus Mehl und Wasser, das für die Passahfeier gebacken wurde. Der Brauch, zum Osterfest ein Lamm zu essen, geht ebenfalls auf das jüdische Fest zurück.

Woher die Bezeichnung Ostern stammt, ist nicht ganz gesichert. Wahrscheinlich leitet sie sich vom Begriff Ostara (Osten) ab, welcher der germanischen Göttin der Morgenröte, des Frühlings und der Fruchtbarkeit ihren Namen gab.

▶ **Ostereier**
Eier hatten in der Kulturgeschichte der Menschen schon immer eine große Bedeutung. Sie dienten als Nahrung, Opfer- und Liebesgabe oder auch als Zahlungsmittel. Sie waren Symbol der Fruchtbarkeit und des Lebens. Schon lange vor Beginn unserer Zeitrechnung, also vor Christi Geburt, wurden Eier gefärbt und verschenkt. Eier als Grabbeilagen in ägyptischen, römisch-germanischen und frühchristlichen Grabkammern belegen dies. Der heutige Brauch, Ostereier zu verschenken, geht wohl auf die im Mittelalter übliche Bezahlung der Zinsen und Abgaben mit Eiern zurück. Da der Zinstag auf Ostern fiel und in der davor liegenden Fastenzeit keine Eier verzehrt werden durften, sammelte sich ein großer Vorrat an Eiern an. Alles was nicht als Zins-Ei abgegeben werden musste, blieb zum eigenen Verzehr oder wurde großzügig verschenkt. Für die Christen ist das Ei zum Sinnbild für die Auferstehung Jesu geworden. Die zerbrochene Eierschale, aus der neues Leben kommt, ist ein Bild dafür. Die Farbe Rot war bis über das Mittelalter hinaus die

beherrschende Farbe für das Ei. Rot ist die Farbe des Blutes, der Liebe, des Sieges, der Königswürde. Im Laufe der Zeit kamen weitere Farben dazu und die Eier wurden nicht nur gefärbt, sondern auch mit verschiedenen Motiven kunstvoll bemalt, beschrieben, beklebt, ausgekratzt, ausgeblasen und gefüllt.

Ein beliebter Zeitvertreib für Kinder ist das Spielen mit hart gekochten Ostereiern. Zu den bekanntesten Spielen gehört das Eierschlagen oder Eiertitschen. Dabei schlagen zwei Spieler ein Osterei mit der stumpfen oder spitzen Seite gegeneinander. Wessen Eierschale zerbricht, hat verloren. Der Verlierer schenkt dem Sieger sein Ei.

▶ Osterhase

Schon immer galt der Hase wegen seiner Fruchtbarkeit als Sinnbild für sich ständig erneuerndes Leben. So ist es nicht verwunderlich, dass er als heiliges Tier bei der Liebesgöttin Aphrodite und auch bei der Fruchtbarkeitsgöttin Ostara zu finden war. In Byzanz war der Hase in der Tiersymbolik ein Zeichen für Christus. Heutzutage ist der Osterhase nicht mehr wegzudenken. Er begann um 1800 seinen Siegeszug und seine Ausbreitung wurde noch durch die Süßwarenindustrie, Bilderbücher und Postkarten beflügelt. Da jedes Kind weiß, dass Hennen keine bunten Eier legen können, wurde dies dem Osterhasen angedichtet. Zudem ist dieser auch flink genug, um sich beim Eierverstecken nicht erwischen zu lassen. Obwohl sich der Osterhase als Eierbringer durchgesetzt hat, war dies nicht immer so. Je nach Gegend stellte man sich verschiedene Eierbringer vor wie Hahn, Fuchs, Ostervogel, Storch oder Kuckuck.

▶ Osterlamm

Das Osterlamm erinnert an den jüdischen Brauch, zum Passahfest ein Lamm zu schlachten und zu essen, wie es auch Jesus mit seinen Jüngern getan hat.

Einem jüdischen Brauch zufolge, legte ein Priester einen Schafbock, der gebunden auf dem Altar lag, die Hände auf. Dies bedeutete, dass dem Schaf die Sünden der Menschen aufgeladen wurden. So wurde es also zum »Sündenbock«. Jesus lud, gleich diesem Tier, die Sünden der Menschen auf sich. Neben Osterei, Osterzopf und Schokoladenhasen gehört das Lamm zu den österlichen Speisen, sei es als Festbraten, Backwerk oder Schokolade.

▶ Osterfeuer

Bereits in alten Zeiten verehrten die Menschen das Feuer, da es wärmt und die Dunkelheit erhellt. Da das Feuer ein Zeichen für die Sonne war, entfachten die Menschen auf den Bergen Feuer, um die Frühlingssonne zu begrüßen.

Für Christen bedeutet das Osterfeuer den Sieg des Lichtes über die Finsternis. Christus selbst ist das Licht, welches die Dunkelheit vertreibt.

▶ Osterkerze

Sie symbolisiert den über Tod und Sterben siegenden Jesus Christus. Gemäß der Liturgie wird die Osterkerze zu Beginn der Osternachtfeier am geweihten Osterfeuer entzündet und dann in die dunkle Kirche getragen. An der Flamme entzünden dann die Gläubigen ihre mitgebrachten Osterkerzen. Das ist ein Zeichen dafür, dass Jesus Ursprung allen Lebens ist und Licht in die Dunkelheit bringt. Die Motive auf der Osterkerze sind meist ein Kreuz, ein Lamm, eine Taube, das Wasser, ein Baum oder das Sonnenlicht. Auch werden auf der Osterkerze am Kreuz die fünf Wundmale Jesu mit Wachsnägeln angedeutet. Der oberhalb des Kreuzes angebrachte griechische Buchstabe Alpha und das unterhalb platzierte Omega bedeutet, Christus ist Anfang und Ende zugleich.

Die Osterkerze brennt während der 50-tägigen Osterzeit bis Pfingsten. Außerdem wird bei Taufgottesdiensten an ihr die Taufkerze entzündet. Bei Begräbnismessen brennt die Osterkerze neben dem Sarg und verdeutlicht Tod und Auferstehung.

Festgestaltung

In unserer christlichen Kultur kann das Osterfest keinesfalls nur zum Frühlings-, Hasen- oder Kükenfest werden. Kinder haben ein Recht darauf, den Ursprung und den Sinn des Osterfestes zu erleben und zu begreifen.

Beim Hören und Nachgestalten der Passionsgeschichte lässt sich den Kindern sehr gut die religiöse Aussage von Ostern übermitteln. Neben dem religiösen Geschehen können Sie gut die Ereignisse in der Natur zur Anschauung einsetzen und jedes Jahr einen anderen Schwerpunkt zum Thema Frühling wählen. Einmal stellen Sie mehr den Hasen, ein andermal mehr Henne und Ei in den Vordergrund. Auch Blumen begleiten diese Thematik, so können Sie sich in einem Jahr mehr der Tulpe widmen, im anderen beispielsweise der Osterglocke.

Eine sensible Begleitung durch den Erwachsenen hilft dem Kind, sich in die Thematik einzufühlen und einen Transfer zum Alltag zu schaffen.

Mittels kindgemäßer Methoden wird der Kerngedanke des Festes erlebt und verinnerlicht. Dieser soll weit über das eigentliche Fest hinauswirken und die Kinder anspornen im christlichen Glauben zu leben. Die Figur Jesus Christus soll das ganze Jahr über für die Kinder präsent sein und sie begleiten.

Die Vorbereitungszeit, insbesondere die Vermittlung der Ereignisse in der Karwoche sind ebenso bedeutsam wie die Osterfeier selbst. Wie wäre es, wenn Sie in der Vorbereitungsphase die Eltern einmal zu einem fröhlichen Osterbastelabend einladen? Neben Eierfärben und Osterkränzchenbinden, könnte es den Eltern auch Spaß machen, einmal das Osternest für ihre Kinder selbst herzustellen.

▶ Osterfeier in der Gruppe

Der Raum ist bereits mit den vielen Werken der Kinder, die im Laufe der Zeit entstanden sind, österlich dekoriert. Wenn Sie nun großen Wert auf eine festlich gedeckte Ostertafel legen, sollten Sie die Gestaltung den Kindern nicht abnehmen. Auch hier kommen die Dekorationselemente der Kinder zum Einsatz. Gemeinsam wird gedeckt, geschmückt und gefeiert.

Zu Beginn der Feier gehen die Kinder mit ihrem selbst gestalteten Frühlingsstab oder Palmbuschen um die Kita herum (oder in der Halle im Kreis) und singen Frühlingslieder, um den Winter endgültig zu vertreiben und den Frühling zu begrüßen. Ein meditativer Teil, wie z. B. eine Kerzenmeditation oder eine Meditation vor der Osterlandschaft, eignet sich sehr gut, um den Kindern nochmals den Sinn von Ostern zu verdeutlichen und der Feier einen festlichen Rahmen zu verleihen. Die Osterlandschaft ist mit jedem Tag gewachsen und wird nun zum Mittelpunkt des Gruppenraumes. Lebendig veranschaulicht sie den Kindern die ganze Ostergeschichte. Zur Osterfeier versammeln sich alle um die Osterlandschaft. Der Vers: »Was mit Jesus geschah« wird vorgelesen und die Kinder entzünden begleitend zu den Stationen kleine Lichter, am Schluss wird die Osterkerze angezündet. Ein Lied, ein Gedicht bilden die Überleitung zur Ostertafel.

Keine Osterfeier in der Kita ohne Nestersuche! Die Kinder sind bestimmt schon voller freudiger Aufregung und wollen dem Osterhasen auf die Spur kommen. Wo die Nester versteckt werden, hängt sicher vom Wetter ab. Alle, Kinder wie auch Erwachsene, wünschen sich natürlich im Garten auf Eiersuche zu gehen. Wenn aber das Wetter wieder einmal nicht mitspielt, nehmen die Spürnasen ihre Fährte im Haus auf. Sie könnten, falls vorhanden, den geheimnisvollen Keller, Putzkammer und andere Räume öffnen. Da sie für die Kinder sonst tabu sind, erhöht dies den Reiz.

Lustige Eierspiele im Freien oder im Haus bilden einen lebendigen Abschluss. Auf die Eltern wartet ein von den Kindern gestaltetes Ostergeschenk. Entweder erhalten sie es beim Abholen – oder Sie haben die Kinder animiert, das Präsent heimlich nach Hause zu bringen und es an Ostern, wie der Osterhase, zu verstecken.

▶ Osterfeier in der Natur

Frühlingsluft und Frühlingsduft locken uns hinaus in die erwachende Natur. Der Winterschlaf ist zu Ende und die Kinder freuen sich darauf, dem Osterhasen im Wald oder auf dem Feld zu begegnen. Die Nester dort zu suchen und zu finden, ohne den Osterhasen gesehen zu haben, ist genauso aufregend, als hätten sie Meister Lampe beim Eierlegen erspäht. Also ziehen die Kinder mit selbst bedruckten Stofftaschen los, um die Nester in Wiese, Feld oder Wald zu finden. Auch für den Osterhasen haben die Kinder ein Geschenk dabei, Karotten und Kohlblätter zum Beispiel, denn das lieben die Hasen. Da und dort liefern ein paar verstreute Schokoladeneier und etwas Ostergras eine spannende Spur. Sicher meint das eine oder andere Kind, den Hasen durch das Gras hoppeln zu sehen. Auf dem Weg trällern die Kinder ihre gelernten Osterlieder, bis ein Kind vielleicht auf den Gedanken kommt, dass alle sehr leise sein sollten, um den Osterhasen nicht zu verscheuchen. Sind die Nester dann gefunden, darf es wieder laut sein. Damit die Geschenke vollständig nach Hause gelangen, haben die Erzieherinnen gefärbte Eier dabei, die an Ort und Stelle genüsslich verspeist werden.

Österliche Aktionen und Meditationen

Was mit Jesus geschah

Als Jesus nach Jerusalem zog ein,
riefen alle, er soll unser König sein!
Er lud seine Freunde zum Abendmahl ein
und teilte mit ihnen Brot und Wein.

Am Ölberg war er traurig und allein;
seine Freude schliefen alle ein.
Als Soldaten Jesus haben gefangen genommen,
hat für ihn der Leidensweg begonnen.

Mit einer Dornenkrone haben sie ihn geschmückt.
Die Krone schmerzt und drückt.
Er trug sein Kreuz durch die Straßen allein.
Warum sind Menschen nur so gemein?

Das Kreuz drückte ihn nieder, er war am Verzagen,
da kam Simon und half das Kreuz ihm tragen.
Mutter Maria sah ihren Sohn im Schmerz.
Voller Traurigkeit war da ihr Herz.

Das Kreuz war schwer, die Sonne war heiß,
Veronika reicht ihm ein Tuch zum Trocknen den Schweiß.
Als Jesus war an das Kreuz genagelt,
hat es geblitzt, gedonnert und gehagelt.
Die Sonne war nicht mehr zu sehen,
großes Unrecht war geschehen.

Als die Frauen das Grab leer fanden,
verkündete ein Engel, Jesus sei auferstanden.
Der Engel stand da in hellem Licht.
Freut euch alle und trauert nicht.

Anregungen

Gemeinsam haben die Kinder die Osterlandschaft gestaltet und die verschiedenen Kreuzwegstationen kennen gelernt. Zum Osterfest versammeln sich alle um die Osterlandschaft. Der Text wird vorgelesen und begleitend zu den einzelnen Stationen werden die Lichter entzündet.

Die einzelnen Szenen auf Folien malen und dann an die Wand projizieren. Entsprechend zu den Bildern Text vorlesen. Besonders feierlich ist es, nach dem Vorlesen des Textes klassische Musik einzuspielen, z. B. »Messias« von Händel oder »Morgenstimmung« aus Per Gynth von Edward Grieg.

Osterlandschaft

Ähnlich wie wir an Weihnachten einen Weg zur Krippe hin gestalten, können wir eine Osterlandschaft anlegen. Diese lässt für Kinder die Stationen der Passion und Auferstehung Jesu lebendig werden. Auf einem langen Regal oder auch auf dem Boden entsteht eine Landschaft, durch die ein Weg zum Hügel Golgatha führt. Beginnend mit dem Einzug nach Jerusalem, werden den Kindern über Tage verteilt einige Kreuzwegstationen in Erzählungen vorgestellt. Die zentralen Gegenstände oder Symbole einer jeden Geschichte finden in der Osterlandschaft ihren Platz. Eine brennende Osterkerze ist das Zeichen für Jesus und markiert die Stelle, wo das Geschehen stattfindet. Rückt die Kerze ein Stück des Weges weiter, kommt an ihre Stelle ein Teelicht im Glas. Menschen, die Jesus auf seinem Kreuzweg zur Seite stehen, werden ebenfalls durch ein Licht symbolisiert. Zum Osterfest werden dann alle Lichter angezündet und erinnern an die Stationen des Kreuzweges. Jede Einheit hat einen ähnlichen Aufbau, damit die Kinder Vertrautes wiederfinden und Neues zulassen können. Die Kinder versammeln sich jedes Mal im Halbkreis um die Osterlandschaft. Ein Lied eröffnet das Zusammensein. Dann folgt die Jesusgeschichte, Symbole werden in den Garten gebracht. Die weitere Ausgestaltung der Landschaft oder auch ein Lied schaffen den Ausklang.

Das brauchen Sie

Symbol für Jesus:	kleine Osterkerze, Teelichter im Glas
Symbol für Simon, Veronika, Maria:	Teelichter mit einem Herz aus Pappe unterklebt
Landschaft:	Abdeckfolie, Erde, Moos, Steine, Kies, Sand, Krippenzubehör: Schafe, Hirtenfeuer, Brunnen etc., Bild der Stadt Jerusalem
Stadttor:	Bausteine
Einzug nach Jerusalem:	kleine, farbige Stoffstücke, Palmkätzchen, Esel
Abendmahl:	Bausteine für Saal, Tisch, Stühle. Evtl. auch Puppenhauszubehör. Miniaturkrug und Brot aus dem Kaufladen. Für das Essen mit den Kindern: Fladenbrot, roter Saft
Gefangennahme und Verurteilung:	Schnur ca. 50 cm lang, kleine Krone, Samtdeckchen, Korb mit kleingeschnittenen Rosenstielen und Rosenblüten, Engelsflügel
Jesus trägt das Kreuz:	Kleines Kreuz aus zwei Hölzern, mit einem Bindfaden zusammengehalten.
Tod am Kreuz, Begräbnis, Auferstehung:	Steine, Frühlingsblumen, Engelflügel, violettes Tuch

Gestalten der Landschaft

Decken Sie die für die Osterlandschaft vorgesehene Fläche mit Folie ab und befestigen sie an der Wand dahinter das Jerusalembild. Nun können die Kinder mit der Gestaltung der Osterlandschaft beginnen. Ein breiter Weg führt zunächst zur Stadt hin, dann durch das Stadttor und weiter entlang an der Stadt vorbei zum Ölberg, wo sich der Garten Gethsemane befindet. Der Weg endet am Berg Golgatha, wo später das Kreuz steht und das Felsengrab liegt. Der Abendmahlssaal und die Burg des Pilatus werden mit Bausteinen angedeutet. Die biblische Landschaft zeigt sich hügelig mit sandigen Ebenen und schmalen Hirtenwegen. Weideflächen aus Moos werden belebt mit Eseln, Schafen, Brunnen, Hirtenfeuer. Sicher haben die Kinder noch viele Ideen, die Landschaft weiter auszubauen.

Der Einzug Jesu in Jerusalem

Jesus wollte den Menschen von Gott und seiner frohen Botschaft erzählen. Zwei Jahre lang ist er mit seinen Freunden durchs Land gezogen. Viele Menschen hat er gesund und glücklich gemacht. Für seine zwölf Freunde war Jesus der Meister. Er nannte sie seine Jünger. Aber nicht alle Menschen lieben Jesus, manche ärgern sich über ihn. Sie sagen: »Er hält sich nicht an unsere Gesetze und stiftet im Volk Unruhe!« Sie sind neidisch, weil auf Jesus so viele Menschen hören und schauen. Sie können nicht verstehen, dass Jesus zu den Verachteten und Ausgestoßenen geht und mit ihnen gemeinsam an einem Tisch isst und trinkt. Sie sagen: »Jesus kann nicht Gottes Sohn sein! Er bringt alles durcheinander. Er muss verschwinden!« Nun steht Jesus vor dem Tor der Stadt Jerusalem. Er sagt zu zweien seiner Freunde: »Bringt mir einen Esel, damit ich in die Stadt hineinreiten kann!« Die Jünger führen den Esel zu Jesus. Er reitet mit dem Esel durch das Stadttor.
(Osterkerze als Symbol für Jesus auf den Weg stellen und anzünden, Esel daneben stellen)
Als er durch die Straßen zieht, jubeln ihm viele Menschen zu. Sie rufen: »Jesus soll unser König sein!«
Immer mehr Menschen kommen zusammen. Sie winken Jesus mit Palmzweigen zu. Sie breiten kleine Teppiche auf der Straße aus, damit er mit seinem Esel darüber reiten kann. Sie ehren ihn wie einen König.
(Kleine Stoffstücke auf einen Teil des Weges legen)
Aber ist Jesus ein König? Jesus hat kein Schloss, er ist nicht reich. Er reitet auf einem Esel, dem Tier armer Leute. Er ist einfach gekleidet. Trotzdem jubelt ihm das Volk zu.
(Körbchen mit Weidenkätzchen herumreichen. Die Kinder schmücken mit den Palmkätzchen ein Stück des Weges.) Die Feinde von Jesus rufen: »Wie kannst du dich König rufen lassen? Du bist kein König!« Sie wollen nicht wahrhaben, dass Jesus weder Gold noch Krone braucht. Er will nur ein König der Herzen sein. Jesus ist traurig. Er spürt, dass für ihn eine schwere Zeit beginnt.

Jesus feiert mit seinen Freunden das Abendmahl

Jesus will mit seinen Freunden das Passahfest feiern, wie es alle Menschen in Jerusalem tun. Sie treffen sich zum gemeinsamen Mahl und danken Gott für alles Gute. Jesus sagt zu seinen Jüngern: »Kauft ein Osterlamm, Wein und Fladenbrot und richtet alles für ein festliches Mahl her.«
(Tisch, Stühle, Wein, Brot, ein kleines Lamm, evtl. Puppengeschirr in den Festsaal stellen). Am Abend kommt Jesus mit seinen Freunden in den Festsaal. Er weiß, dass er das letzte Mal mit seinen Freunden zusammen sein wird. Er weiß auch, dass er bald sterben

muss. *(Osterkerze anzünden und zum Haus stellen, Teelicht im Glas an den ursprünglichen Platz der Osterkerze stellen)* Jesus macht deshalb etwas ganz besonderes. Als alle mit ihm am Tisch sitzen, nimmt er das Brot in die Hände und dankt dafür. Er segnet es, bricht es und reicht es seinen Freunden. Alle essen davon. Jesus dankt auch für den Wein und segnet ihn. Alle trinken vom Wein. Jesus spricht: »Brot und Wein sind von Gott geschenkt. Bald werdet ihr mich nicht mehr sehen. Wenn ihr aber das Brot brecht und den Wein miteinander trinkt, bin ich bei euch in eurer Gemeinschaft.«

Wenn Christen bei der Heiligen Messe den Messwein trinken oder die Hostie empfangen, erinnern sie sich an dieses Abendmahl und fühlen sich Christus ganz nahe. Auch wir wollen heute gemeinsam Brot essen und roten Traubensaft trinken.
(Die Kinder formen mit beiden Händen eine Schale. Von einem Fladenbrot werden mundgerechte Stücke gebrochen und an die Kinder verteilt. Dazu wird Traubensaft gereicht. Bevor die Kinder mit dem Mahl beginnen, sprechen sie ein kleines Dankgebet.)

Gefangennahme und Verurteilung

Etwas macht Jesus sehr traurig. Einer seiner Jünger wird ihn verraten. Es ist Judas. Die Soldaten sagen zu Judas: »Wir wissen nicht, welcher der Männer Jesus ist. Du bekommst von uns Geld, wenn du uns verrätst, wer Jesus ist.« »Ich tue es«, antwortet Judas. »Der, dem ich einen Kuss gebe, ist es.« Das ist besonders gemein, da Jesus glauben soll, dass er ihm als Freund einen Kuss gibt. Judas will seinen Freund aber für Geld an die Soldaten verraten, damit sie ihn gefangen nehmen können. Nach dem Abendmahl geht Jesus mit Petrus, Jakobus und Johannes zum Ölberg. Dort ist der Garten Gethsemane. Jesus war schon oft dort. Der Garten ist schön, doch heute ist alles anders. – Jesus hat Angst. Er spürt, dass nicht mehr alle Freunde zu ihm halten. Er weiß, dass seine Leidenszeit bald beginnt. Als sie in den Garten kommen, ist es bereits Nacht.
(Osterkerze anzünden und in den Garten stellen)
Jesus sagt zu seinen Freunden: »Bleibt hier und haltet Wache bis ich wiederkomme. Ich will eine Weile allein sein.« Jesus entfernt sich ein wenig. Nun ist er ganz allein. Er kniet nieder und betet »Gott, mein Vater, hilf mir! Es ist so schwer für mich!« Da kommt ein Engel und tröstet ihn.
(Engelflügel neben Osterkerze legen und eine kleine Besinnungspause einhalten)
Jesus sagt: »Vater, ich bin bereit, ich will alles ertragen!« Als Jesus zu seinen Freunden zurückkommt, sind alle eingeschlafen. Da kommen Soldaten mit Fackeln und Schwertern in den Garten. *(mit den Füßen stampfen)*
Allen voran geht Judas. Er gibt Jesus einen Kuss und verrät ihn damit. Die Soldaten nehmen Jesus gefangen.

(Die Erzieherin bittet ein Kind zu sich. Lose schlingt sie eine Schnur um die Handgelenke und demonstriert so die Gefangennahme. Die Kinder halten die Hände so, als seien sie gefangen. Die Schnur wird verknotet und zur Kerze in den Garten gelegt.)
Gefesselt führen die Soldaten Jesus zum Statthalter und Richter Pilatus.
(Osterkerze zur Burg des Pilatus stellen)
Da stehen viele Menschen, die rufen »Kreuzigt ihn, kreuzigt ihn.« Pilatus fragt: »Was werft ihr Jesus vor? Was hat er Schlimmes getan? Ich kann keine Schuld an ihm finden.« Doch die Leute schreien weiter: »Kreuzigt ihn!« Pilatus fragt: »Soll ich Jesus, euren König kreuzigen?« Die Leute rufen: »Ja, er ist nicht unser König.« Der Richter fragt Jesus: »Warum sagst du nichts?« Er kann nicht glauben, dass so ein guter Mensch wirklich Böses getan haben soll. Aber Jesus schweigt. Schließlich gibt Pilatus nach und hört auf die Leute. Jesus bekommt die Todesstrafe. *(Eine kleine Krone wird herumgereicht und findet schließlich Platz auf einem Samtdeckchen vor der Burg.)*
Zum Spott ziehen die Soldaten Jesus einen roten Mantel an, wie ihn sonst Könige tragen. Sie setzen ihm eine Krone aus Dornen auf. Sie tun Jesus weh und sie lachen ihn aus.
(Ein Korb mit klein geschnittenen Rosenstielen wird herumgereicht. Die Kinder befühlen vorsichtig die Dornen. Ein Kind nach dem andern legt um die Krone einen Dornenzweig).
Jesus wehrt sich nicht. Er ist bereit, den schweren Weg zu gehen.
Wir alle wollen ihn auf diesem Weg begleiten.
(Den Weg bis zum Hügel Golgatha mit Rosenblüten verzieren)

Jesus trägt das Kreuz

Heute hören wir, wie Jesus weiter seinen schweren Weg geht. Pilatus hat Jesus verurteilt. Vor der Stadt auf dem Hügel Golgatha soll Jesus am Kreuz sterben. Dorthin muss er sein Kreuz selbst tragen.
(Osterkerze anzünden und auf den mit Rosenblüten geschmückten Weg stellen. Ein Kreuz herumreichen und dann neben das Licht legen.)
Jesus nimmt das schwere Kreuz auf seine Schulter und trägt es. Das Kreuz ist schwer und drückt. Jesus hat bald keine Kraft mehr. Da hilft ein Mann, das Kreuz zu tragen. Der Mann heißt Simon.
(Das Kreuz etwas weiter den Weg entlang hinlegen und die Kerze daneben stellen. Für die gute Tat Simons kommt ein Herz-Teelicht hinzu.)
Jesus geht den Weg weiter. Da steht eine Frau, sie heißt Veronika. Sie reicht ihm ein Tuch, damit er sich den Schweiß vom Gesicht trocknen kann. Als er ihr das Tuch zurückgibt, stellt sie mit Erstaunen fest, dass darauf sein Gesicht abgedrückt ist.
(Für die gute Tat Veronikas ein Herz-Teelicht zur weiter nach vorne gerückten Kerze stellen.) Jesus geht den Weg weiter. Da läuft aus der Menschenmenge eine Frau auf ihn zu. Es ist seine Mutter Maria. Sie umarmt ihn und gibt ihm einen Kuss und versucht ihn zu

trösten. *(Als Symbol für die Mutterliebe ein weiteres Herz-Teelicht anzünden und zur Kerze stellen.)*
Schließlich hat Jesus das Ende seines Weges erreicht. Er ist auf dem Hügel Golgatha angelangt.
(Osterkerze auf den Hügel stellen und das Kreuz daneben legen.) Soldaten reißen Jesus die Kleider vom Leib und nageln ihn an das Kreuz. Sie richten das Kreuz auf.
(Kreuz senkrecht in die Erde stecken.)
Als Jesus am Kreuz hängt, verfinstert sich die Sonne. Es wird Nacht mitten am Tag. Jesus spricht: »Vater, verzeih ihnen, denn sie wissen nicht was sie tun.« Jesus stirbt.
(Osterkerze ausblasen und violettes Tuch über Querbalken des Kreuzes hängen. Besinnungspause einhalten.)
Jesus wird vom Kreuz genommen und seiner Mutter auf den Schoß gelegt. Sie hält ihn ein letztes Mal in den Armen. Ihr Herz ist voller Traurigkeit. Maria hüllt ihren Sohn in ein Leinentuch. Dann wird Jesus in das Felsengrab gelegt.
(Osterkerze in das Felsengrab stellen. Die Kerze bleibt verloschen, Grab mit Stein verschließen.)
Maria und die Freunde Jesu schmücken das Grab mit Blumen.
(Das Grab mit Frühlingsblumen schmücken. Wenn die Kinder den Raum verlassen haben, Osterkerze aus Grab entfernen und Stein wegrollen.)

Jesus ist auferstanden

Heute erzähle ich euch von drei Frauen, die das Grab Jesu besuchen wollten. Am Ostermorgen gehen sie zum Grab. Sie sind traurig, sie gehen langsam und lassen den Kopf hängen. So können sie nicht die aufgehende Sonne sehen.
(Die Kinder werden angeregt, Trauer auszudrücken. Die Haltung ist gebückt, der Mund ist verschlossen, die Arme hängen schlaff herunter.)
Als sie zum Grab kommen, sehen sie, dass der Stein weggerückt ist. Das Grab ist offen und leer. Die Frauen gehen hinein. Da wird es hell um sie. Ein Engel steht da.
(Engelsflügel an die Graböffnung legen)
Der Engel sagt: »Wen sucht ihr? Habt keine Angst. Jesus liegt nicht mehr im Grab. Er ist auferstanden. Gott, sein Vater, hat Jesus auferweckt. Jesus lebt!«
(Osterkerze holen und anzünden)
Da laufen die Frauen in die Stadt zurück. Sie sind voller Freude. Sie erzählen den Menschen »Jesus ist nicht tot, Jesus lebt!« Weil wir uns alle mit ihnen freuen, zünden wir Lichter in der Osterlandschaft an.
(Lichter anzünden, Osterlied singen oder Musik einspielen, z. B. Matthäus-Passion, Chorus Nr. 1 von Johann Sebastian Bach BWV 244)

Osterreime und Frühlingsgeschichten

Durch das hohe Gras hoppelt der Osterhas.
Lange Ohren, kleine Nase, einen Schnurrbart trägt der Hase.
Legt bunte Eier in das Nest, jedes Jahr zum Osterfest.
Finden Kinder das Versteck, ist der Osterhase weg!

Unterm Baum im grünen Gras
sitzt ein kleiner Osterhas!
Putzt den Bart und spitzt das Ohr,
macht ein Männchen, guckt hervor.

Der Osterhase hat über Nacht
zwölf Eier in unseren Garten gebracht.
Eins legte er unter die Gartenbank,
drei in das grüne Efeugerank,
vier in das Hyazinthenbeet,
drei, wo die weiße Narzisse steht;
eins legte er auf den Apfelbaumast;
da hat sicher die Katze mit angefasst.

Osterhäschen, groß und klein,
tummeln sich am Wiesenrain,
müssen tanzen, hopsen, lachen
und mitunter Männchen machen.
Heute wollen wir noch springen
und den Kindern Eier bringen:
rote, gelbe, braune, graue, bunte, grüne, himmelblaue.
Keiner kriegt was, der uns sieht:
Das ist unser Hasenlied.

Frühling lässt sein blaues Band
wieder flattern durch die Lüfte,
süße wohl bekannte Düfte
streifen ahnungsvoll das Land.
Veilchen träumen schon,
wollen balde kommen;
Horch, von fern ein leiser Harfenton!
Frühling, ja du bist's! Frühling, ja du bist's!
Dich hab ich vernommen!
Eduard Mörike

Schneeglöckchen läutet

Die Sonnenstrahlen hatten das schlafende Schneeglöckchen geweckt. Da mochte es nicht länger mehr unter der warmen Schneedecke bleiben. »Ich muss doch einmal nachsehen, ob der schöne, bunte Schmetterling, der voriges Jahr so lustig mit mir spielte, schon da ist und ob Veilchen, Primel und Gänseblümchen, die so viele schöne Geschichten zu erzählen wissen, nicht schon auf mich warten«, so sprach es zu sich. Und es streckte vorsichtig sein schmales Händchen heraus, ob es da oben nicht noch zu kalt sei. Als die Sonnenstrahlen das grüne Händchen sahen, riefen sie: »Komm nur heraus, kleines Schneeglöckchen, wir wollen dich auch wärmen, damit du nicht zu frieren brauchst.« Da kam das Schneeglöckchen geschwind aus seinem Bettchen, rieb sich die Äuglein und schaute sich um nach seinen Gespielen. Aber sie hatten sich alle verschlafen. »Da muss ich sie nur geschwind wecken, die kleinen Langschläfer, sonst verträumen sie mir gar noch den ganzen schönen Frühling«, sprach das Schneeglöckchen. Und es langte seine zarten, schneeweißen Schellen hervor und läutete. Da hättet ihr sehen sollen, wie sie alle aus ihren Winterbettchen herauskamen: Veilchen und Primel und Gänseblumen und all die andern. Auch der Schmetterling kam zu seinem lieben Schneeglöckchen geflogen. Nun sind sie alle beieinander im Garten und spielen und scherzen. Wer's nicht glauben will, mag hingehen und nachsehen.

Das braucht man

Farbige Tücher: Gelb (Sonne), Weiß (Schneeglöckchen), Bunt: (Schmetterling), Lila (Veilchen), Rosa (Primel) usw.; Tüll als Schnee, Schellenkranz.

▶ So wird gespielt

Alle Kinder, die Blumen darstellen, sitzen im Raum verteilt am Boden. Ihr farbiges Tuch haben sie dabei umgehängt, das weiße Tülltuch liegt über ihrem Kopf und symbolisiert die Schneedecke. Das Schneeglöckchen sitzt in der Mitte des Raumes mit seinem weißen Tuch auf den Schultern und einem Tülltuch über dem Kopf. Den Schellenkranz hält es ruhig in der Hand. Das Kind, welches die Sonne darstellt, hält das gelbe Tuch in den Händen, umkreist und bestrahlt das Schneeglöckchen. An entsprechender Textstelle steckt das Schneeglöckchen die Hand heraus. Es befreit sich vom Tülltuch, dehnt und streckt sich, gähnt und wendet sich der Sonne zu. Das Schneeglöckchen geht mit der Sonne von Blume zu Blume, läutet mit dem Schellenkranz, gemeinsam befreien sie diese vom Schnee, indem die Tülltücher vorsichtig gelüpft werden. Die Blumen recken und strecken sich der Sonne entgegen. Nun kommt das Schmetterlingskind mit Flügelbewegungen, auch dieses wird vom Schneeglöckchen mit Schellengeläut begrüßt. Alle Beteiligten hüpfen und tanzen nun vor Freude.

Hasenwerkstatt

Eier marmorieren

Diese Technik beherrschen schon die Jüngsten und es gleicht garantiert kein Ei dem anderen.

Das brauchen Sie

Kaltkeramikfarben, Schaschlikstäbchen, leeres, großes Gurkenglas, Büroklammern, ausgeblasene Eier.

So wird's gemacht

Glas bis knapp unter den Rand mit Wasser füllen. Ausgeblasenes Ei auf Stäbchen stecken und mit Büroklammern fixieren, damit es nicht verrutscht. Mit Hilfe eines weiteren Stäbchens bis zu drei Farben auf das Wasser tropfen und diese leicht verziehen. Ei in dem Wasser drehen bis die Farben die Fläche vollständig bedecken.

Ringeleier

Mit schmalen und breiten Gummibändern lassen sich lustige Effekte auf gekochten Eiern erzielen. Umwickeln Sie die Eier mit verschieden breiten Gummibändern und legen Sie diese solange ins Farbbad (Eierfarben in Wasser aufgelöst) bis der gewünschte Ton erreicht ist. Nimmt man die Gummibänder ab, kommt an diesen Stellen die ursprüngliche Eierfarbe wieder hervor.

Konfetti-Eier

Es macht Spaß und die Technik ist denkbar einfach!

Das braucht man

Ausgeblasene Eier, Konfetti, Schuhschachtel, Holzleim.

So wird's gemacht

Schachtelboden mit Konfetti bedecken. Ei mit Kleber vollständig bestreichen und in die Schachtel legen. Ei durch Hin- und Herbewegen der Schachtel herumkullern lassen, bis die Oberfläche mit Konfetti bedeckt ist.

Sprenkeleier

Für diese Technik eignen sich besonders hellgefärbte Eier. Reizvolle Sprenkel gibt es, wenn die Kinder mit einer Zahnbürste schwarze Farbe durch ein altes Teesieb auf die Eierfläche bürsten.

Osterwiese oder Osternest ansäen

Rechtzeitig anfangen, denn das Gras dauert vom Ansäen bis zum ersten Grün ca. eine Woche. Bis es schön hoch ist, so dass es sich für ein Nestchen eignet, muss man ungefähr zwei Wochen Geduld haben.

Das braucht man

Rasensamen oder Samenkörner von Hafer oder Weizen. Gefäße zum Ansäen (Tonschalen, Tonuntersetzer für Blumentöpfe, Blumentöpfe). Originell sind auch Dosen, Blechteller, alles, was sich so im Haushalt findet. Blumenerde, Gießkännchen mit Wasser.

So wird's gemacht

Saatgut vorkeimen: Die Samenkörner für zwei Tage in warmes Wasser legen, bis sie aufspringen. So geht die Saat leichter auf.
Gefäß mit Blumenerde bis zur Hälfte füllen, Samenkörner einstreuen, mit Erde bedecken und vorsichtig gießen. Einen warmen hellen Platz suchen und darauf achten, dass die Erde immer schön feucht ist.

Kresseeier

Ein lustiges Ostergeschenk für Eltern und Großeltern.

Das braucht man dazu

1 ausgeblasenes Ei, Knetgummi, Ton oder Plastilin, Watte, Kressesamen.

So wird's gemacht

Ei vorsichtig halbieren und eine Hälfte auf eine Halbkugel aus Knetmasse setzen. Das Ei mit feuchter Watte (oder Erde) füllen und Kressesamen einsäen. An einen warmen, hellen Platz stellen und immer wieder gießen. Auf das Ei ein Gesicht malen, die Kresse bildet eine lustige Haarpracht.

Färben mit Naturfarben

Mit Natur- oder Pflanzenfarben lassen sich zarte und interessante Farbtöne erzielen. Färbepflanzen erhalten Sie in Apotheken, Reformhäusern und Drogerien. Meist handelt es sich dabei um kleingeschnittene oder pulverisierte Wurzeln, Blätter oder Rinden. 50 Gramm Färbepflanze reichen aus, um etwa zehn Eier zu färben. Eine größere Farbintensität erreichen Sie, wenn Sie die Hölzer schon einige Zeit vorher in Wasser einweichen.

Pflanzenfarben

Blauholz: Hellviolett bis Aubergine
Gelbholz: Zitronen- bis Orangegelb
Krapp: Ziegelrot
Sandelholz: Gelb- bis Orangebraun
Rotholz: Hellrot

So wird's gemacht

50 Gramm Färbepflanze in zwei Liter Wasser 10 – 15 Minuten aufkochen. Brühe abseihen. Hartgekochte Eier in das Farbbad so lange einlegen, bis der gewünschte Farbton erreicht ist. Es ist auch möglich, die Eier direkt im Farbwasser hart zu kochen. Die Färbung ist dann besonders kräftig. Durch das Einreiben der Eier mit Öivenöl kann man die Farben zum Strahlen bringen.

Auch mit vorhandenen Lebensmitteln aus dem Vorrat lassen sich schöne Färbungen erzielen. Mit Zwiebelschalen kann man braune Eier färben. Dazu kocht man etwa drei Hände voll Zwiebelschalen in einem Liter Wasser ab. Mit Curry- oder Kurkumapulver erzielt man ein helles Kükengelb. Dazu gibt man drei Esslöffel des Gewürzes auf ein Liter abgekochtes Wasser. Für zartes Blau sorgt frischer, gehackter Rotkohl, dazu kocht man vier Tassen in einem Liter Wasser.

Osternest aus Heu

Das braucht man dazu

Heu, Tapetenkleister, zwei unterschiedlich große, feuerfeste Schalen (ca. 12 und 15 cm im Durchmesser).

So wird's gemacht

Tapetenkleister nach Packungsangabe anrühren und mit dem Heu gut verkneten, bis eine formbare Masse entsteht. Größeres Schälchen mit der Masse ca. 3 cm dick auskleiden und kleineres Schälchen hineindrücken. Schale mit Heu in den Heißluftherd geben und für ca. 10 Minuten bei 100 Grad trocknen. Kleine Schüssel entfernen und dann Nest weitere 50 Minuten bei 100 Grad in den Herd stellen, bis das Nest ganz trocken ist. Äußere Schale entfernen und Nest nach Wunsch füllen.

Variation: Das Nest kann mit Bettfedern oder mit von den Kindern gesammelten Federn beklebt werden.

Handdruck »Henne mit Ei«

Zur Dekoration von Wandbildern, Einladungs- und Grußkarten und Tischdecken, schon für 3-Jährige gut geeignet.

Das braucht man

Farbiges Tonpapier in Grün oder Blau, weiße Finger- oder Malfarbe, Filzstifte in Orange, Rot, Blau; Heu, Klebstoff.

So wird's gemacht

Kinder bemalen eine Hand mit weißer Farbe und drucken diese mit gespreizten Fingern auf das Papier. Der Daumen wird zum Kopf, Schnabel und Augen werden mit Filzstiften dazu gemalt. Ein Fingerabdruck am unteren Rand des Papiers wird zum Ei. Mit Klebstoff das Heu als Boden oder Nest aufkleben.

Eier mit Blütenmuster

Diese Technik verlangt eine gewisse Fingerfertigkeit.

Das braucht man dazu

Gepresste Blüten oder Blätter, Perlonstrumpf, Eierfarbe, gekochte Eier.

So wird's gemacht

Eier mit Blüten oder Blättern belegen und diese durch einen Perlonstrumpf befestigen. Der Strumpf muss fest um das Ei gewickelt sein, damit die Blätter und Blüten keine Farbe durchlassen. Umwickeltes Ei ungefähr 15 Minuten in Farbbad legen.
Ist die gewünschte Farbintensität erreicht, herausnehmen, trocknen lassen und auswickeln. Nun treten die Stellen, an denen Blüten waren, weiß oder hellbraun hervor.

Osterkerze

Die selbst gestaltete Osterkerze ist ein Mittelpunkt bei Erzählungen, Meditationen, beim Singen von Osterliedern und beim Festessen.

Das braucht man dazu

Große weiße Kerze, Wachsplättchen, kleine Plätzchenausstecher.

So wird's gemacht

Die Kinder überlegen gemeinsam, welche Symbole an Ostern erinnern. Sie modellieren Hasen, Küken, Eier, Blumen und Gras und drücken diese an der Kerze fest. Oder die Symbole werden mit kleinen Ausstechformen hergestellt und an der Kerze angebracht. Zum Abschluss wird der Raum verdunkelt und die Kerze angezündet. Jedes Kind erzählt, welche Verzierung es gemacht hat, und wie diese mit Ostern zusammenhängt.

Hühner-Eierbecher

Ohne großen Aufwand und Materialkosten ist dieser Eierbecher herzustellen. Das benötigte Material ist in jedem Haushalt und in jeder Kindertagesstätte zu finden.

Das braucht man dazu

Eierkartons, Scheren, roten Karton, Farbe, Pinsel, Klebstoff und evtl. Federn.

So wird's gemacht

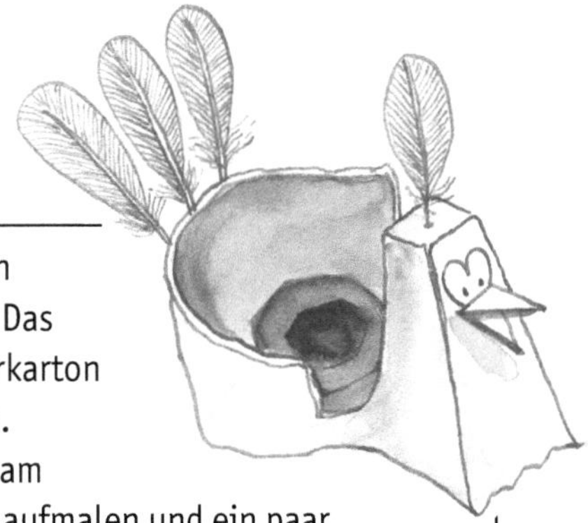

Eine Vertiefung und eine Erhebung aus dem Eierkarton geschnitten, bilden den Eierbecherkörper des Huhns. Das Huhn – wie auf der Abbildung zu sehen – aus dem Eierkarton schneiden. Huhn mit der gewünschten Farbe anmalen. Schnabel und Kamm aus rotem Karton schneiden und am Hühnerkopf mit Kleber anbringen. Augen mit Filzstift aufmalen und ein paar Federn (können auch aus Karton geschnitten werden) als Schwanz anbringen. Mit einem Osterei beladen, schmückt dieses Huhn die festliche Ostertafel.

Musikschule

Hopplahopp, der Osterhase

Text und Musik: Stephen Janetzko, © Edition SEEBÄR-Musik, www.kinderlieder-und-mehr.de

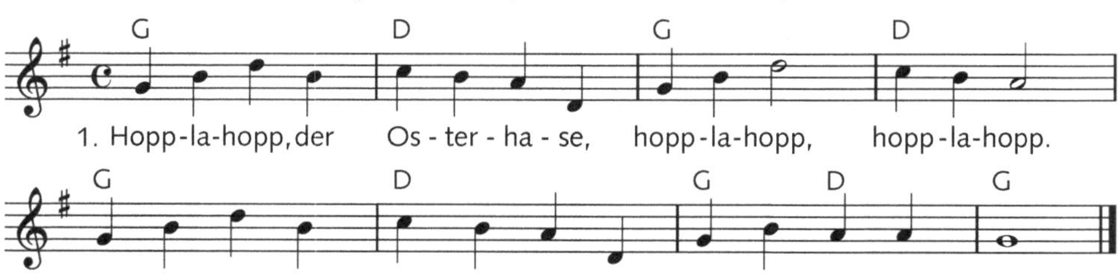

1. Hopplahopp, der Osterhase,
   hopplahopp, hopplahopp.
   Hopplahopp, es springt der Hase,
   hopplahopplahopp.

2. Hoppelt über grünen Rasen,
   hopplahopp, hopplahopp.
   Frischer Wind zieht durch die Nasen,
   hopplahopplahopp.

3. Hoppelt langsam durch die Wälder
   hopplahopp, hopplahopp.
   Hoppelt schnell durch grosse Felder,
   hopplahopplahopp.

4. Gibt es einmal Dauerregen
   hopplahopp, hopplahopp,
   möchte er sich unterlegen,
   hopplahopplahopp.

5. Ruht sich aus am Lindenbaume
   hopplahopp, hopplahopp.
   Träumt bei einem Hasentraume,
   hopplahopplahopp.

Spielanregung

Ein einfaches Hasenlied, das so angelegt ist, dass es auch unabhängig von Ostern gesungen werden kann. Statt »Hopplahopp, der Osterhase« singen wir im Rest des Jahres dann durchgängig »Hopplahopp, es springt der Hase«. Zum Lied dürfen alle Kinder einfach mithoppeln. Wer will, darf auch den Wind schnüffeln (Strophe 2), langsam und schnell hoppeln (Strophe 3), Regen mit den Fingerspitzen andeuten und sich vorm Regen ducken (Strophe 4). In der letzten Strophe legen sich alle hin und ruhen sich aus.

Osterlied

Text und Musik: © Henriette Syndikus

Der Refrain kann auch geklatscht werden.

Begleitung zum Text: „Ostern ist da"

2. Klatscht in die Hände, Ostern ist da! ...
3. Tanzt um die Kerze, Ostern ist da! ...
4. Saget einander, Ostern ist da! ...
5. Krokusse blühen, Ostern ist da! ...
6. Amseln uns singen, Ostern ist da! ...
7. Bienen, die summen, Ostern ist da! ...
8. Seid nicht mehr traurig, Ostern ist da! ...

Osterumzug mit Musik

Ziehen Sie mit den Kindern um das Haus oder durch das Haus. Jedes Kind trägt einen Palmbuschen oder Frühlingsstab mit sich. Begleitet mit einem Instrument singt die Gruppe Frühlingslieder. Vielleicht findet sich jemand aus der Elternschaft, der den Umzug mit einer Ziehharmonika oder mit einer Flöte anführt. Im Garten oder in der Halle findet sich die Gruppe zum Kreis zusammen. Die Kinder schreiten, je nach Lied, einige Schritte nach vorne, sodass der Kreis kleiner wird und einige Schritte nach außen; der Kreis wird weit. Seitgalopp nach rechts und links, auf der Stelle drehen und das Ganze wieder von vorne.

Variation: Die Kinder gehen zur Mitte, halten den Stab nach oben und bilden somit eine »Frühlingskrone«, sie gehen Schritte nach rechts und nach links und halten den Stab nach oben. Jedes Kind dreht sich auf der Stelle, stützt einen Arm in die Seite und hält mit der anderen den Stab nach oben. Kinder gehen paarweise zusammen, haken sich ein und hüpfen im Kreis.
Zum Abschluss stellen die Kinder ihren Stab in einem großen vorbereiteten Blumentopf ab, damit sie die Hände frei haben für die weitere Festgestaltung.

Allerlei Ei

Eierdieb

Der Osterhase sitzt in der Kreismitte und bewacht ein Nest mit Ostereiern. Er hat die Augen verbunden und muss sich auf die Geräusche konzentrieren. Die Füchse, welche sich im Kreis befinden, wollen die Eier stehlen. Sie schleichen sich vorsichtig an das Nest heran. Hört der Osterhase ein Geräusch und deutet in die richtige Richtung, muss der Dieb zurück und aufgeben. Nun kann der nächste Fuchs sein Glück versuchen. Hat ein Fuchs ein Ei erwischt, darf er es behalten und nun Osterhase spielen.

Eierkullern

Auf dem Boden liegt ein buntes, gekochtes Ei. Die Kinder haben je drei Murmeln in der Hand. Jedes Kind hat eine andere Farbe. Nacheinander rollt jeweils ein Kind eine Murmel auf das Osterei zu, bis es keine mehr in den Händen hält. Wer am nächsten mit seiner Murmel an das Ei herankommt, darf dieses behalten.

Experiment – Ei im Glas

Das braucht man dazu

2 Gläser mit Wasser, 2 El Salz.

So wird's gemacht

Ein Ei in ein Glas Wasser legen und beobachten, wie es zu Boden sinkt. Das zweite Glas halb mit Wasser füllen und das Salz hinzugeben, kräftig verrühren, bis es sich aufgelöst hat. Das Ei hineinlegen und vorsichtig das Glas mit Wasser auffüllen. Zur Überraschung der Kinder schwimmt dieses Ei, während das andere weiter am Boden des Glases liegt.

Experiment – Stabiles Ei

Das braucht man

Hartgekochtes Ei, Messer, Löffel, Buch, Brett oder Ziegelstein.

So wird's gemacht

Ei mit dem Messer durchsägen, auslöffeln und essen. Auf die halbe Eierschale Buch, Brett oder Ziegelstein stellen – und staunen, wie stark eine so dünne Eierschale ist.

Eiertitschen

Ein äußerst beliebter Zeitvertreib für Kinder ist das Spielen mit hartgekochten Ostereiern. Zu den bekanntesten Spielen gehört das Eierschlagen oder Eiertitschen. Dabei schlagen zwei Spieler ein Osterei mit der stumpfen oder spitzen Seite gegeneinander. Wessen Eierschale zerbricht, hat verloren. Der Verlierer schenkt dem Sieger sein Ei.
Es gibt noch viele weitere lustige Eierspiele, die Kindern Freude machen und Langeweile erst gar nicht aufkommen lassen.

Experiment – Starkes Ei

Die Kinder versuchen je ein hartgekochtes Ei an seinen Spitzen zwischen Daumen und Zeigefinger einzudrücken. Das wird keinem gelingen, die Kinder jedoch in großes Staunen versetzen.

Rätsel-Ei

Er ist braun und läuft gar schnell
und hat eine weiches, braunes Fell.
Er lebt in Feld und Wald,
bringt bunte Eier bald.
(Der Osterhase)

Da drüben im Gras, da schimmert etwas,
und dort unterm Strauch, leuchtet es auch.
Und da bei der Hecke im grünen Verstecke,
blitzt 's rot, gelb und blau! Ich seh es genau.
Es sind keine Tulpen, auch keine Narzissen.
Was mag das nur sein? Ich möchte es gerne wissen.
(Die versteckten Ostereier)

Sieht wie ein gelbes Bällchen aus
und wohnt in einem weißen Haus,
das hat nicht Tür, nicht Fensterlein.
Da drinnen muss es dunkel sein.
Und will das Piepsebällchen raus,
dann hackt es erst entzwei sein Haus.
(Küken im Ei)

Sie pickt sehr schnell die Körner weg,
legt ihre Eier ins Versteck.
Er trägt die Federn bunt gefärbt,
sein roter Kamm ist eingekerbt.
Oft sitzt und kräht er auf dem Mist.
Nun sagt mir schnell, wer das wohl ist!
(Hahn und Henne)

Eierlaufen

Die Kinder teilen sich in zwei gleichstarke Gruppen und nehmen hinter einer Startlinie Aufstellung. Ein Stuhl oder Ähnliches markiert den Wendepunkt. Die Kinder legen mit einem Löffel, auf dem ein Ei liegt, die Strecke zum Stuhl möglichst schnell zurück. Wer zuerst wieder bei seiner Mannschaft ankommt und noch immer sein Ei auf dem Löffel balanciert, sammelt für seine Gruppe einen Punkt, gibt das Ei an den nächsten weiter und dieser rennt los.

Eiertrick

Zwei Eierbecher hintereinander stellen, in den vorderen ein Ei setzen. Stark von oben auf den Rand des Bechers pusten. Plötzlich hüpft das Ei hoch und kippt in den hinteren Eierbecher.

Ei, wie lecker!

Osterlamm und Osterhase in Blechformen gebacken (Rührteig)

Das Osterlamm ist ein traditionelles Ostergebäck, das am Ostersonntag in der Kirche, zusammen mit den Ostereiern, Salz und Brot in einem Nestchen geweiht wird. Auch heute noch ist es Mittelpunkt auf jeder Osterkaffeetafel.

Zutaten für eine Form von ca. 700 bis 800 ml Inhalt

125 g weiche Margarine oder Butter, 125 g Zucker, 1 Päckchen Vanillezucker, 1 Prise Salz, 50 g Kokosraspeln, 3 kleine Eier, 100 g Weizenmehl, Backöl Zitrone, Semmelbrösel für die Form, Puderzucker zum Bestäuben, 2 Rosinen für die Augen, Schleife mit Göckchen und Osterfahne (aus dem Papierwarenladen).

So wird's gemacht

Die Form mit Fett auspinseln und mit Semmelbrösel ausstreuen.
Die Butter mit dem Rührgerät schaumig schlagen, Zucker, Vanillezucker und Salz unterrühren, bis der Zucker sich aufgelöst hat. Einige Tropfen Backöl zum Teig geben.
Die Eier einzeln unterrühren (jeweils 1 Minute). Das Mehl sieben und unterrühren.
Die Kokosflocken in einer Pfanne ohne Fett anrösten und unter den Teig heben.
Teig in die vorbereitete Form füllen und bei ca. 180 Grad Heißluft, 200 Grad im Backofen ca. 30 Minuten backen. Etwas abkühlen lassen, aus der Form nehmen und auf einem Kuchengitter ganz abkühlen. Anschließend dick mit Puderzucker von allen Seiten bestäuben. Zwei Rosinen als Augen mit etwas Zuckerguss ankleben. Um den Hals eine Schleife binden, eventuell mit einem kleinen Glöckchen dran. In den Rücken eine Osterfahne stecken.

Verzierungsvariation: Nach dem Backen das Lamm / den Osterhasen mit Zuckerguss bepinseln und mit Kokosflocken bestreuen. Bei einem Hasen könnte man auch Schokoladenguss verwenden.

Gebackene Osternester

Zutaten für 8 Nester

250 g Mehl, 15 g Hefe, 1/4 l Milch, eine Prise Salz, 40 g Butter, 50 g Zucker; Eigelb zum Bestreichen, hartgekochte, gefärbte Eier.

Geräte und Material

Schüssel, Milchtopf, Handrührgerät (Knethaken) oder Kochlöffel, Backpinsel, Mehlsieb, Messbecher, Waage, Backblech, Backtrennpapier.

Zubereitung

Mehl in Schüssel sieben und in die Mitte eine Vertiefung drücken. Dort hinein Hefe bröseln und mit etwas lauwarmer Milch verrühren. Zugedeckt 15 Minuten gehen lassen. Danach übrige Zutaten dazugeben und Teig so lange abschlagen, bis er sich von der Schüssel löst, eine glatte gleichmäßige Beschaffenheit hat und Blasen wirft. Teig nochmals an warmem Ort eine Stunde gehen lassen. Teig in fingerdicke Rollen von 15 cm Länge formen. Jeweils 2 Rollen zusammendrehen. Ein hartgekochtes, gefärbtes Ei hineinsetzen. Teignester nochmals auf dem Backblech 20 Minuten gehen lassen und mit Eigelb bestreichen, das mit Milch verquirlt wurde.
Backzeit: 15 Minuten bei 225 Grad

Topfbrot

Brot selbstgebacken in Terrakottablumentöpfen schmeckt herzhaft und passt mit Butter und leicht gesalzenen Ostereiern sehr gut auf jede Ostertafel. In kleinere Blumentöpfchen gefüllt und entsprechend kürzer gebacken, sind Topfbrote auch leckere Ostergeschenke.

Das braucht man

1 Päckchen Hefe, 1 Tl Honig, 1/2 Liter Wasser, 800 g fein gemahlener Weizen, 1 El Kräutersalz, 4 El feingehackter Thymian und Rosmarin, Butter zum Einfetten des Topfes, Semmelbrösel zum Ausstreuen, 1 neuer Terrakottatopf mit 16 cm Durchmesser.

So wird's gemacht

Hefe mit Honig flüssig rühren, 1/8 Liter Wasser zugeben, 15 Minuten gehen lassen. Mit dem Mehl und dem restlichen Wasser verkneten, Salz, Kräuter zufügen und etwa eine Stunde mit einem Tuch zugedeckt ruhen und gehen lassen. In der Zwischenzeit den Blumentopf wässern. Den Teig nochmals kräftig durchkneten, in den gefetteten und mit Semmelbrösel ausgestreuten Blumentopf geben. Diesen in den kalten Backofen setzen und eine feuerfeste Schale mit kochendem Wasser darunter stellen. 70 Minuten bei 200 Grad backen.

Zur Verzierung

Um den Topf eine Schleife aus Bast oder Geschenkbändern binden, in das Brot einen Stab mit angebundenen Buchszweigen, mit einem bemalten Ei, oder einem selbst ausgeschnittenen und bemalten Osterhasen stecken.

Süße Spiegeleier

Die kleinen, nicht allzu süßen Scones (englisches Gebäck) mit Crème double oder Quark bestrichen, in der Mitte mit einen Klecks Aprikosenmarmelade versüßt, sehen geradezu wie Spiegeleier aus. Sie schmecken auch ohne Crème double und Marmelade und sind leicht und schnell herzustellen.

Für ca. 12 Stück braucht man

225 g Mehl, 2 Tl Backpulver, 50 g Butter, 50 g Zucker, Mark einer Vanilleschote, ca. 150 ml Milch.

So wird's gemacht

Mehl und Backpulver in die Rührschüssel sieben, mit dem Knethaken die Butter einarbeiten bis die Mischung die Konsistenz von Brotkrümeln hat. Zucker und ausgekratztes Vanillemark unterrühren, genügend Milch hinzufügen, dass ein weicher Teig entsteht.

Auf eine gut bemehlte Arbeitsfläche setzen und zu einer Kugel formen. Den Teig behutsam flach klopfen, bis er 2,5 cm dick ist. Mit einem bemehlten runden Ausstecher (Glas) ca. 12 Scones ausstechen und diese auf ein mit Backpapier ausgelegtes Blech setzen. Mit Milch bestreichen und 15 – 20 Minuten backen. Heißluft 200 Grad, Backofen 220 Grad.

Auf Gitter auskühlen lassen und mit Crème double und Aprikosenmarmelade verzieren, sodass sie wie Spiegeleier aussehen.

KINDER FEIERN MUTTERTAG

Einleitung

Ein Fest des Dankes für die Mutter

Nach einer Zeit mit vielen grauen Tagen verwöhnt uns die Sonne mit wärmenden Strahlen. Überall, wohin man sieht, blühen Tulpen, Narzissen, Veilchen und Vergissmeinnicht um die Wette. Mit ihrem zarten Duft erfüllen sie die Luft und die länger werdenden Tage. Mutter Erde bringt neues Leben hervor und erfreut uns mit voller Pracht. Dem Muttertag, dem Höhepunkt der Festgestaltung in der schönen Frühlingszeit, begegnen viele Mütter selbst mit gemischten Gefühlen und unterschiedlichsten Meinungen. Für manche junge Mütter ist der Muttertag ein antiquierter Brauch. – Wir meinen, er ist moderner denn je! Mütter sind meist einer Dreifachbelastung mit Kindern, Haushalt und Beruf ausgesetzt. Die Gesellschaft erwartet von den Müttern, dies alles spielend unter einen Hut zu bringen. Der Hauptgedanke zum Muttertag ist immer noch, der Mutter für ihr Dasein zu danken, für ihre Liebe, ihr Engagement, für alles, was so schnell als selbstverständlich genommen wird. Muttertag ist ein Fest, an dem auf vielfältige Weise Dank ausgedrückt werden kann. Das allerdings muss erst gelernt werden. Früh übt das Kind Danke zu sagen, oft nur reine Höflichkeitsfloskel, ohne Inhalt und Bezug. Spontane, echte Freude und Dankbarkeit kann das Kind dabei vielleicht gar nicht empfinden. Die Gefühle der Kinder müssen erst sensibilisiert werden, erst allmählich lernen sie, sich in andere Personen hineinzuversetzen. Und im Laufe ihrer Entwicklung erkennen sie, die unterschiedlichsten Situationen, in denen sie sich mit innerer Bewegtheit und nicht mit Zwang bedanken. Auch erleben sie mit Freude selbst einen Dank entgegen zu nehmen.

Im Hinblick auf das Muttertagsfest wird das Thema Danken ganzheitlich und individuell aufbereitet zum Mittelpunkt der Pädagogik in der Kita.

Dazu gehört auch das Thema »Richtig schenken will gelernt sein«. Die Kinder sollen lernen, sich in andere Personen, in diesem Fall in die Mutter, einzufühlen. Sie erkennen, was ihrer Mutter wirklich Freude bereitet und das nicht alles, was ihnen gefällt, auch ein Geschenk für ihre Mutter ist. Ein Grund der Ablehnung des Muttertages ist die zunehmende Vermarktung und Konsumorientiertheit des Festes. Die Kita hilft den Kindern, andere Wege zu gehen. Sie werden ermutigt, selbst aktiv zu sein. Es gilt liebevolle, individuelle Geschenkideen für die Mutter zu finden. Diese Geschenke selbst herzustellen macht einen Riesenspaß. Mit manchen Ideen kann die Mutter das ganze Jahr überrascht und erfreut werden, weil es in mehreren Etappen eingelöst werden kann, wie z. B. ein Gutscheinheft oder eine Glückslose-Box. Diese Geschenke lassen den Sinn des Muttertages auf längere Sicht hin wirken. Dabei ist außer Einfühlungsvermögen auch Mut, Indi-

vidualität und Kreativität des Kindes gefragt. Ebenso wird das Selbstbewusstsein des Kindes gestärkt. – Sie sind stolz auf ihre Mutter und auch ein bisschen auf sich selbst. Schenken macht Freude und die Geheimhaltung eines Geschenkes ist für das Kind eine große Aufgabe, die einiges an Anstrengung kostet, aber auch viel Spaß bereitet.
Die Kinder erfahren mit dem Muttertagsfest Tradition und Brauchtum. Zu allen Zeiten und in allen Ländern der Erde wird den Müttern gedankt.

Präsentiert die Kita neue Formen der Muttertagsgestaltung, sind die Mütter sicher mit der Feier dieses Tages einverstanden.

Fest für die Väter

Mit den gesellschaftlichen Veränderungen der Familie ist die Vaterrolle heute nicht mehr genau definiert. Wenngleich der Vatertag in der Geschichte nie den Stellenwert eines Muttertages innehatte, für das Kind ist es wichtig, einen Vater zu haben, über seinen Vater etwas zu wissen und zu ihm, auch wenn er nicht in der Familie lebt, eine Beziehung zu finden.

Wir zeigen Ihnen Möglichkeiten auf, wie Sie die Väter integrieren können, ohne dabei die Kinder zu verletzen oder zu irritieren, die in keinem Kontakt zu ihrem Vater stehen.

Fest für die Großeltern

In früheren Zeiten waren die Großeltern, vor allem die Großmütter, erheblich mehr an der Erziehung der Enkelkinder beteiligt. Auch wenn die Großeltern heute nicht mehr im selben Haushalt leben, tun sie ihr Bestes für ihre Enkelkinder. Die Kita nimmt anlässlich des Muttertages und des Vatertages die Chance wahr, auch die Großeltern mit einzubeziehen. Die Kinder erfahren bewusst, dass auch ihre Eltern »Mama« und »Papa« haben. In Gesprächen wird ihnen klar, welche Liebe ihnen die Großeltern entgegenbringen. Kinder und Erzieher laden die Großeltern in die Kita ein und lassen sich mit Fotos von ihnen erzählen, wie sie damals die Kindheit mit ihren jetzigen Eltern erlebten. Staunen, Bewunderung, Freude und Dankbarkeit der Enkelkinder werden wach und ein ganz anderes, intensives Familiengefühl wird geprägt.

Ein Fest für Mütter aus aller Welt

Muttertag wird in nahezu allen Ländern dieser Welt gefeiert. So werden Sie bei diesem Fest auch mit ausländischen Eltern rechnen können. Interessant wäre sicher auch ein Abend, an dem die Mütter aus den verschiedenen Ländern über ihre Festtagsbräuche zum Muttertag berichten.

Fest für die Familie

Auch ein Ausflug ins Grüne, zu Fuß oder mit dem Fahrrad, bietet eine schöne Möglichkeit, einen Tag für Familien zu gestalten. Ein Picknick und Spiele mitten in der Natur werden zu einem unvergesslichen Erlebnis für alle.

Die Eltern werden jedes Jahr mit anderen Ideen und Möglichkeiten konfrontiert: mal ein Familienfest, mal ein Großelternfest und mal ein Aktionstag für die Väter.

Miteinander essen heißt, Zeit und Raum zu teilen und gemeinsam zu genießen. Dafür haben viele Menschen kaum Zeit mehr, das Leben muss im Zeitraffer gemeistert werden. Ein gemeinsames Essen, das früher der Mittelpunkt des familiären Lebens war, ist heute seltener geworden. Deshalb wollen wir auch einmal an alte Traditionen anknüpfen und eine klassische Einladung zu Kaffee und Kuchen mit liebevoller Dekoration, bewusst kleinem Programm, aber viel Zeit für ungezwungene Gespräche vorschlagen.

Muttertagsfeier klassisch

An diesem Tag kommen die Kinder hübsch zurecht gemacht in die Kita. Im Laufe des Tages fragen sie sicherlich mehrmals, wann endlich die Mütter kommen werden. Aufregung liegt in der Luft. Um die Situation zu entspannen, wird mit den Kindern der Ablauf der Feier nochmals besprochen, Gedichte und Lieder wiederholt. Es sollte betont ein kleines Programm sein und keine große Vorführung, bei der Kinder wie Erzieherinnen an ihre Grenzen gelangen würden. Das wäre den Müttern sicher nicht recht. Doch jedes Kind sollte gleichermaßen, aber seinen Fähigkeiten entsprechend, eingebunden sein.

Die Kinder gestalten die Tische zur Festtafel. Tage zuvor wird die Dekoration hergestellt. Das können Tischsets in Herzform, bedruckte Tischdecken oder viele ausgeschnittene auf den Tisch gestreute Herzen sein. Die Kinder haben gelernt, Tischkarten zu basteln und Servietten zu falten. Der Serviettenring ist aus Quarkölteig in Herzform gebacken und zum Essen gedacht. Traumhaft wirken die verzierten Plätzchen, Kuchen und Torten in Herz- oder Blütenform. In der Mitte der Tafel leuchten auf einem runden Tablett viele Teelichter zu einem großen Herzen arrangiert. Selbst die Geschenke werden an passender Stelle zum Blickfang der Dekoration.

Zum Eintreffen der Mütter läuft Entspannungsmusik, klassisch oder modern. Das verbreitet eine heitere gelöste Atmosphäre. Als stolze Gastgeber empfangen die Kinder ihre Mütter und begleiten sie an ihren Platz. Das Team überbringt herzliche Begrüßungs- und Dankesworte. Danach ist es wieder Aufgabe der Kinder, die Programmpunkte zu übernehmen und die Mütter liebevoll zu bedienen. Den Abschluss der Einladung bildet ein Tanz der Kinder, bei dessen Wiederholung die Mütter zum Mittanzen aufgefordert werden. – Oder wie wäre es mit einem Gruppenfoto aller Mütter mit Kindern?

Eröffnung einer Ausstellung – Vernissage

Anlässlich des Muttertages oder Vatertages organisiert die Kita eine Ausstellung mit Werken der Kinder. Hierzu ist die ganze Familie herzlich eingeladen: Mutter, Vater, Geschwister, die Großeltern, vielleicht auch Onkel und Tanten – alle, die an der Erziehung des Kindes teilhaben.

Neben den Gemälden und Zeichnungen der Kinder können Fotowände mit Sprüchen aus Kindermund und mit Texten der Erzieherinnen, die Aktivitäten der Einrichtung dokumentieren, aufgestellt werden. Erheiternd wirken Gemälde der Kinder, die die Mutter oder den Vater portraitieren. Selbst gebaute und verzierte Rahmen oder Passepartouts erhöhen den Effekt. Falls die Wände zur Präsentation nicht ausreichen, spannen Sie kreuz und quer Schnüre durch den Raum, an denen Sie die Bilder und Plakate mit Wäscheklammern befestigen. Paravents können zu Pinnwänden umfunktioniert werden. Professionelle Stellwände verleiht vielleicht die Pfarrei oder die Gemeinde. Aktionen wie »Muttertagsgrüße international« bringen Spaß in die Veranstaltung. Wie zu jeder Einladung gehört auch hierzu ein lukullischer Beitrag. Im Elterncafé in der Halle, für diesen Tag etwas erweitert, bieten die Kinder selbstgebackenen Kuchen, Kekse, Kaffee und Tee an. Papiertischdecken, von den Kindern mit roten oder rosafarbenen Herzen und Blumen bedruckt, unterstreichen das Motto. Liebevolle Basteleien oder selbst Gepflanztes machen die Dekoration komplett.

Die Kinder eröffnen die Ausstellung mit einem Lied und einem Gedicht für die Mutter, für den Vater, für die Gäste.

Das Team der Einrichtung eröffnet mit der Begrüßung der Gäste und gibt Hinweise zum Ablauf. Die Eltern bilden einen lockeren Kreis oder Halbkreis. Ein Tanz der Kinder, bei dessen Wiederholung sie ihre Eltern zum Mittanzen auffordern, vereint alle in fröhlicher Bewegung. Anschließend führen die Kinder ihre Eltern durch die Ausstellung, beziehungsweise zu ihren Werken. Damit sich während des lukullischen Teils ein lockeres Gespräch zwischen Eltern und Erziehern und den Eltern untereinander entwickeln kann, werden für die Kinder die Gruppenräume zum Freispiel geöffnet oder an Tischgruppen Spiele angeboten. Die Eltern genießen die Leckereien im Stehen, wie es bei einer Vernissage üblich ist.

Einen offiziellen Abschluss gibt es nicht, die Gesellschaft löst sich locker auf. Die Portraits der Eltern werden als Überraschungsgeschenk von der Leine genommen und mitgegeben. Bis dahin müssen die Kinder diese Idee natürlich geheim halten.

Oma und Opa zu Besuch

Den Großeltern ist kein Weg zu weit, wenn sie in die Kita eingeladen werden. Kinder, die keine Großeltern mehr haben oder deren Großeltern verhindert sind, bringen eine »Nennoma« oder einen »Nennopa« mit. Gar manche Großeltern stehen noch mitten im Arbeitsprozess und können sich schwer frei machen. Bedenken Sie, dass es noch recht junge Großeltern gibt und die Omas und Opas von heute eine Generation von Junggebliebenen sind. Es soll sicherlich kein Seniorennachmittag werden, sondern ein glückliches Zusammensein dreier Generationen. Die Kinder begrüßen ihre Gäste mit dem Lied »Hallo, hallo, schön, dass Du da bist ...« und stellen ihre Großeltern vor. Einige Großeltern erzählen von früheren Zeiten, zum Beispiel, welche Spiele und Lieder sie am meisten liebten. Vielleicht sind es sogar die gleichen Fang- und Singspiele, die die Kinder heute noch gerne spielen. Andere Großeltern beschreiben die Spielsachen, die sie hatten. Vielleicht bringt eine Oma sogar ihre alte Lieblingspuppe, ein Opa sein Spielzeugauto aus seiner Kindheit und andere Fotos aus alten Zeiten mit. Vielleicht können Sie ein Episkop ausleihen (in Fotogeschäften) um dann die Fotos vergrößert an die Wand zu projizieren. Ideal wären natürlich eingescannte Bilder, die sich mittels Beamer an die Wand projizieren lassen. Der Spielespaß für Jung und Alt (S. 164) bringt Abwechslung und Bewegung in den Ablauf, bevor die Kinder ihre Großeltern mit Tee, Kaffee und selbstgebackenem Kuchen verwöhnen. Ein Geschenk an die Großeltern darf nicht fehlen. Sie freuen sich bestimmt über ausgeschnittene Schattenumrisse ihrer Enkel oder über Fotos, auf denen sie originell verkleidet abgelichtet sind. Ein gemaltes Portrait der Großeltern, der Abdruck einer Kinderhand in Gips, sind persönliche Überraschungen. Ein Gedicht, mit denen die Kinder ihren Großeltern danken, bildet den Abschluss.

Wohlfühlprogramm für die Mütter

Einmal im Jahr wird »Mami« in der Kita so richtig verwöhnt. Die Mütter werden an einem Freitagnachmittag oder an einem Abend zu einem für sie zusammengestellten Wohlfühlprogramm eingeladen. Die Kinder gestalten die Einladungskarten, auf denen die Erzieherinnen in groben Zügen das Programm mitteilen. Es sollte eine ganz besondere Veranstaltung werden, die sich von den üblichen Muttertagsfeiern abhebt. Im Vordergrund steht für die Mütter das Abschalten, ein Vergessen des Alltags für eine Weile. Ganz entspannt werden sie sich fühlen, wenn sie wieder den Nachhauseweg antreten. Wir sind sicher, dass die Mütter noch lange danach von dieser Einladung schwärmen.

Nun stellen wir Ihnen zwei Varianten vor: Einmal kommen die Mütter alleine in die Kita. Die Kinder sind nur bei den Vorbereitungen integriert. – Oder die Kinder sind voll engagiert bei der Vorbereitung und übernehmen selbst einen Teil der Gestaltung.

▶ Variante I – eine meditative Entspannung

Gleich bei der Ankunft in der Kita werden die Mütter eine andere Atmosphäre wahrnehmen. Ein Hauch von Rosenduft aus der Aromalampe weht ihnen entgegen. Anstatt des hohen Geräuschpegels der Kindergruppen vernehmen sie sphärische Klänge. Sie werden in den meditativ vorbereiteten Raum gebeten. Bei gedämpftem Licht, in entspannender Atmosphäre legen sie sich auf die vorbereiteten Matten. Die Kinder haben die Plätze für ihre Mütter mit bemalten Namenskärtchen reserviert. So wissen sie auch, wo ihre »Mamis« liegen werden. Sind alle Angemeldeten anwesend, beginnt die Erzieherin, die Entspannungsformel zu diktieren. Anschließend liest sie mit gedämpfter Stimme die Phantasiereise »Ich bin ein Rosenstock« (S. 159). Die Musik läuft im Hintergrund weiter. Nach der Rückführung in die Realität können die Mütter ihre Erlebnisse aus der Phantasiereise in symbolhafter Darstellungsweise malen. Ein Gespräch im Anschluss, wie es oft bei Phantasiereisen angesetzt wird, empfiehlt sich nicht. Dies würde nur die schöne entspannte Atmosphäre zerstören. Die Mütter könnten sich unter Druck gesetzt fühlen, wenn sie sich vor einer Gruppe zu ihren Gefühlen und Erlebnissen artikulieren müssten. Die am Boden liegenden Zeichnungen aber könnten in einem Rundgang betrachtet werden, bevor sie die Mütter einpacken. Wie es zu einem richtigen Wohlfühl-Programm gehört, erwartet sie eine Bar mit herrlich frisch gepressten Säften oder Milchshakes und Gelegenheit für Gespräche.

Die Rose aus der Phantasiereise nehmen sie als Geschenk mit nach Hause – auch die Kita will einmal »Danke« sagen. Die Kinder haben eigens dafür eine Flasche als Vase bemalt.

Falls »Ihre« Mütter nicht so gerne malen, wird am Ende ein Fläschchen Rosenduftöl in der Runde herumgereicht, eine Mutter tupft der nächsten einige Tropfen auf den Handrücken.

▶ Variante II – eine Handmassage der Kinder für ihre Mütter

Die Mütter sind zu einem Wohlfühl-Programm eingeladen, an dem die Kinder erheblich mitbeteiligt sind. Wie oben erwähnt, liegen die Mütter entspannt in einem entsprechend vorbereiteten Raum. Die Kinder setzen sich daneben und massieren ihrer Mutter mit selbst hergestellter Handcreme (S. 168) liebevoll die Hände. Die Erzieherin begleitet diese Aktion mit Worten und führt so die Kinder in ihrem Handeln. Im Hintergrund läuft Musik. Anschließend folgt eine Phantasiereise, zu der sich die Kinder an ihre Mutter kuscheln und mitträumen. Den Abschluss der Einladung bildet ein lockeres Gespräch an der Saftbar. Bei der Vorbereitung der frisch gepressten Säfte und der Dekoration der Bar sind die Kinder freudig engagiert. Sie übernehmen die Bedienung der Mütter und meistern ihre Gastgeberrolle bravourös.

Vielleicht bieten Sie auch einen Büchertisch mit ausgewählter Literatur zur Entspannung und zur Herstellung von Naturkosmetik an. Für jede Mutter liegt auch die Phantasiereise kopiert zum Mitnehmen auf. – Und natürlich wird ihnen das Töpfchen Handcreme als Präsent überreicht.

Gedichte und Lieder für Papa und Mama

Lieber Papa

Lieber Papa,
was ich für dich habe,
ist diese kleine Gabe.
Ich hab sie selbst erdacht
und nur für dich gemacht.
Ein langes Gedicht
das merk ich mir nicht,
drum sag ich nicht mehr,
als: Ich liebe dich sehr.

Motherday-Poems

I love Mommy, I love Mommy.
Yes I do! Yes I do!
And my Mommy loves me,
yes, my Mommy loves me,
loves me too, loves me too.
(lässt sich nach der Melodie von Bruder Jakob singen)
Mother, my darling, Mother my dear!
I love you, I love you,
Each day of the year.

Beste Wünsche

Und ist mein Herz auch noch sehr klein
so schließt es tausend Wünsche ein.
Die schenk ich meiner Mama heut,
damit sie sich so richtig freut.

Wir gratulieren

Wir wollen dir von Herzen gratulieren
Und gar nicht viele Worte verlieren,
sondern nur zum Vatertag dir sagen,
dass wir dich mögen an allen Tagen!

Meine Mutter

Von allen Müttern auf der Welt
ist keine, die mir so gefällt
wie meine Mutter, wenn sie lacht,
mich ansieht oder gar nichts macht.

Auch wenn sie aus dem Fenster winkt
und mit mir rodelt, mit mir singt
und nachts in Ruhe bei mir sitzt,
wenn's draußen wettert, donnert, blitzt

und wenn sie sich mit mir versöhnt
und wenn ich krank bin, mich verwöhnt.
Ja, was sie überhaupt auch tut,
ich mag sie immer, bin ihr gut.

Und hin und wieder wundert's mich,
dass wir uns fanden – sie und ich.
Rosemarie Neie

Aus: Es war solange Tag, Hrsg. Liselott Musil. Donauwörth: Auer 1971.

Ohne Mutti geht es nicht

Wir wären nie gewaschen
und meistens nicht gekämmt,
die Strümpfe hätten Löcher
und schmutzig wär das Hemd.
Wir äßen Fisch mit Honig
und Blumenkohl mit Zimt,
wenn du nicht täglich sorgtest,
dass alles klappt und stimmt.
Wir hätten nasse Füße
und Zähne schwarz wie Ruß.
Und bis zu beiden Ohren
die Haut voll Pflaumenmus.
Wir könnten auch nicht schlafen,
wenn du nicht noch mal kämst
und uns bevor wir träumen
in deine Arme nähmst.
Und trotzdem sind wir alle
auch manchmal eine Last,
was wärst du ohne Kinder?
Sei froh, dass du uns hast!

Sprüche für die »Kleinen«

Mein Wunsch ist kurz, mein Wunsch ist klein,
sollst alle Tage glücklich sein!

Ich wünsche dir mit Herz und Mund,
meine Mami, bleib glücklich und gesund!

Ich lieb dich

Ich lieb dich so fest
wie der Baum seine Äst,
wie der Himmel seine Stern,
grad so hab ich dich gern.

Liebe Mami, tanz mit mir

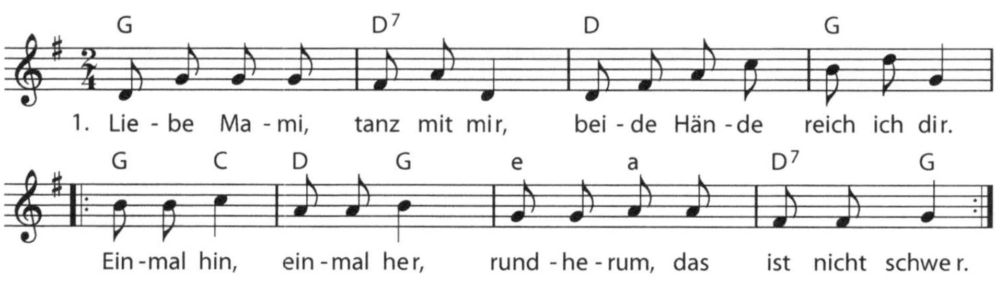

1. Liebe Mami (Omi, Papi ...), tanz mit mir
beide Hände reich ich dir.
Einmal hin, einmal her,
rundherum, das ist nicht schwer.

Die Paare stehen sich gegenüber
und halten sich an den Händen.
Erst einen Schritt nach rechts,
dann nach links und drehen am Platz.

2. Mit den Händchen, klipp, klipp, klapp,	*In die Hände klatschen*
mit den Füßchen tripp, tripp, trapp!	*Mit den Füßen stampfen*
Einmal hin ...	*wie oben*
3. Mit dem Köpfchen nick, nick, nick,	*Kopfnicken*
mit dem Fingerchen tick, tick, tick!	*Gegenseitig*

Weil du meine Mutti bist

Text: Rolf Krenzer, Musik: Detlev Jöcker

2. Ich schenke dir den Blumenstrauß
und sage Dankeschön.
Wie gut ich dir von Herzen bin,
das kannst du daran sehn.

3. Und legst du deinen Arm um mich,
drück ich mich fest an dich.
Und du lässt mich und ich lass dich
im Leben nie im Stich!

158 Mein Papa ist der Champion

Text und Musik: Stephen Janetzko, © Edition SEEBÄR-Musik, www.kinderlieder-und-mehr.de

2. Wir lieben es zu kuscheln,
   und Fußball spieln wir auch!
   Ich kitzel seine Arme
   und lieg auf seinem Bauch!

3. Wir gehen gerne schwimmen
   und fahren mit dem Rad.
   Wir tollen auf der Wiese
   und pflücken uns Salat!

4. Er trägt mich auf den Schultern
   und wirft mich in die Luft.
   Aus tausenden von Papas
   erkenn ich ihn am Duft!

Spiele und Aktionen

Ich bin ein Rosenstock – Phantasiereise für die Mütter

Zum Wohlfühlprogramm für die Mütter gehört in jedem Fall eine Phantasiereise, bei der sie sich richtig entspannen, Energie und Freude tanken können.

Das braucht man dazu

Abgedunkelter Raum, am besten mit Teppichboden. Duftlampe mit Rosenaromaöl, für jede Mutter eine Matte oder eine Decke und ein Kissen (vielleicht können sie diese Dinge selbst mitbringen), Entspannungsmusik, für jede Mutter eine Rose und eine Vase. Die Mütter werden in der Einladung informiert, in bequemer Kleidung zu erscheinen.

▶ Einstimmung

Die Mütter sitzen im Kreis am Boden und schließen die Augen. Sie falten die Hände zu einer Schale. Jede Mutter bekommt von der Erzieherin vorsichtig eine Rose in die Hände gelegt. Sie öffnen nun die Augen wieder, freuen sich, bewundern die Rose und nehmen ihren Duft wahr.

Sie legen sich nun auf den Boden – so wie es ihnen bequem ist, die Rose ziert ihren Oberkörper. Langsam schließen sie die Augen und entspannen sich. Beginnen Sie Ihre Einstimmung wie folgt:

»Fühlt euch ganz bequem auf dem Rücken – bewegt euch noch ein bisschen hin und her, bis ihr ganz ruhig daliegen könnt. So, und jetzt schaut mal, wie ihr atmet, spürt genau, wie die Luft durch die Nase hereinkommt – und wie sie wieder hinausgeht, hereinkommt – und wieder hinausgeht. Und immer, wenn ihr ausatmet, wird euer Körper leichter und lockerer, liegt ihr immer noch bequemer auf dem Boden. – Und wieder ausatmen – und leicht und locker und bequem daliegen – immer mehr und immer mehr. – Jetzt bist du schon ganz leicht und locker und ruhig, liegst entspannt auf dem Boden, so, als ob du schlafen würdest – aber tatsächlich bleibst du, mit geschlossenen Augen, ganz, ganz wach. – Jetzt nehme ich dich mit auf eine Reise zu dir selbst.

Stell dir vor, du bist ein Rosenstock ...

Auch, wenn es nun draußen Winter ist, du fühlst dich wohl, denn Mutter Erde schützt dich vor Kälte und Eis. Allmählich kommt der lang ersehnte Frühling und weckt dich aus der Winterruhe. Denk noch einmal daran, dass du jetzt ein Rosenstock bist. Sonne und Regen dringen nun wieder stärker in die Erde ein. Tag für Tag wird die Sonne mit ihren wärmenden Strahlen stärker und somit auch du. Deine innere Kraft lässt kleine Zweige

sprießen. Zarte grüne Blätter entwickeln sich. Auch sie werden Tag für Tag stärker, so dass sie Wind und Regen trotzen können. Auch deine Wurzeln vervielfältigen sich, bilden ein Netzwerk und verankern sich fest in der Erde. Du hast nun einen starken Halt und kannst allen Widerständen trotzen.
Die wärmenden Strahlen der Frühlingssonne und der Regen sind ein Genuss für dich. Auch die gute Erde gibt dir Kraft. Du fühlst dich richtig wohl und entwickelst dich dem Licht entgegen. Nun ist es an der Zeit, deine Knospen sprießen zu lassen. Jeden Tag mehr entfaltest du deinen kleinen festen Kopf zu einem Wunderwerk. Genüsslich rollst du Blatt für Blatt auf. Du kannst dir dabei Zeit lassen. – Viel, viel Zeit, Stunden und Tage – bis du mit deinen unzähligen Blütenblättern zu einer Rose in voller Pracht erstrahlst. – Eine intensive Anziehungskraft und Energie geht nun von dir aus. Gegen negative Einflüsse sind dir Dornen gewachsen, die deiner Anmut keinen Abbruch tun. Du wendest deine Blüten der Sonne entgegen. Ein herrlicher Duft geht von dir aus, der die ganze Luft erfüllt. Ein lauer Wind wiegt dich und du genießt dein Dasein in vollen Zügen. – Magisch ziehst du viele Besucher und Bewunderer an. Verzaubert nehmen die Menschen deine Anmut, Schönheit und Kraft wahr. Bienen holen sich Nektar und ein Schmetterling, auf dir ruhend, verzückt jeden Betrachter. Du strahlst mit der Sonne um die Wette und bist glücklich und zufrieden. In der Kühle der Nächte ruhst du dich aus.
Erfrischt und mit Tautropfen wie kostbare Perlen geschmückt beginnt der neue Tag in deinem Leben. – Jetzt ist es wieder an der Zeit aufzuwachen. So spüre deinen Atem ein bisschen deutlicher, atme etwas kräftiger und mache damit deinen Körper lebendiger. Komme ganz zurück in deine Beine, deinen Rumpf, deine Arme und den Kopf. – Gönne dir ein paar lange, gute, tiefe Atemzüge, die dich noch frischer und lebendiger machen. – Dehne und strecke dich, so wie es dir Spaß macht – und mache jetzt ganz langsam die Augen wieder auf und komm hoch zum Sitzen, frisch und munter und gesund!«

▶ Ausklang

Die Mütter stellen ihre Rosen in bereitgestellte und mit Wasser gefüllte Vasen. Die Kinder haben Flaschen bemalt, die jetzt als Vasen verschenkt werden. Anstelle des Malens nach der Phantasiereise bildet auch das Weitergeben eines Rosenölfläschchens einen schönen Abschluss. Die Mütter träufeln sich gegenseitig Rosenöl auf die Handoberflächen und nehmenden Duft als angenehme Erinnerung mit.

Mutters Hände

Hier sollen die Kinder erkennen, was die Mutter für sie alles mit ihren Händen tut. Es gilt nicht nur die Hausarbeit zu erkennen, sondern auch die vielen lieben Gesten der Mutterhände, ohne die ein Kinderalltag oft sehr traurig wäre.

Das wird gebraucht

Fotos oder Kunstdrucke mit Abbildungen von Händen verschiedenen Alters und bei verschiedenen Tätigkeiten.

So geht's

Die Kinder sitzen ganz ruhig und entspannt im Kreis und schließen die Augen. Die Erzieherin spricht: »Legt eure Hände ineinander. Eine Hand spürt die andere, spürt wie warm und weich eure Hände sind. Ertastet nun eure Hände, mit der einen Hand die andere Hand! Reibt sie ein bisschen und spürt die Wärme, die sich entwickelt. Fühlt nun die Handinnenfläche, fahrt die Form der Finger nach und die ganze Hand außen herum. Dreht eine Hand um und fühlt den Handrücken. Sucht nun am Handgelenk nach eurem Puls (nur bei älteren Kindern). Öffnet nun eure Augen wieder und schaut eure Hände noch einmal ganz genau an. Die Kinder erzählen, was sie gesehen und gefühlt haben. Die Kinder erzählen vom Pflaster am Finger, von der Wärme, die sie gespürt haben, von den Fingernägeln, von Linien und Furchen. Es entwickelt sich ein Gespräch, das die Erzieherin zum Beispiel mit folgenden Impulsen lenkt.

▶ Gesprächsimpulse

Was macht eure Mutter alles mit ihren Händen? Die Kinder werden von der Hausarbeit, vielleicht auch vom Beruf der Mutter berichten oder wie sie zum Beispiel das Baby pflegt. Die Erzieherin fragt die Kinder, was die Mutter tut, wenn sie hingefallen sind, sich weh getan, verletzt haben. Was macht eure Mutter, wenn ihr Kummer habt, wenn es euch einfach nicht gut geht, wenn ihr krank seid? Abends, wenn ihr ins Bett gehen müsst, womit tröstet, beruhigt euch eure Mutter?

Die Erzieherin gibt neue Gesprächsimpulse mit Bildern von jungen und alten Händen bei den unterschiedlichsten Tätigkeiten. Die Abbildungen erinnern die Kinder sicher an die Handlungen ihrer Mutter und vertiefen somit das Thema.

Die Erzieherin fasst noch einmal die wichtigsten Gesprächsinhalte zusammen:

Mutters Hände sind unermüdlich für uns im Einsatz. Den ganzen Tag über gibt es immer etwas zu tun. Auch die kleinen, unbedeutenden Verrichtungen sind wichtig. Wir übersehen sie oft und schätzen sie nicht richtig. Nun haben wir einmal darüber nachgedacht,

was Mutter mit ihrer Hände Arbeit alles für uns tut und wie sie sich tagtäglich um uns sorgt. Auch wie liebevoll, tröstend und hilfreich ihre Hände für uns sein können. Wir wollen dankbar sein und einmal überlegen, wie wir ihr im Alltag mit unseren Händen etwas Gutes tun können.
Der erarbeitete Gesprächsinhalt wird realisiert durch das Herstellen von Geschenken für die Mutter, seien sie materieller oder ideeller Art. In einem Gutscheinheft bieten die Kinder ihrer Mutter zum Beispiel Arbeitshilfen und sonstige guten Taten an.
Tipp: Dieses Gespräch kann auch auf Väter bezogen durchgeführt werden. Wenngleich die Kinder oft nicht sehr viel über die berufliche Tätigkeit des Vaters wissen.

Was ich an meiner Mutter mag

Bei einem gemeinsamen Gespräch erzählen die Kinder, was sie an ihren Müttern (Vätern, Omas, Opas) besonders mögen. Die Erzieherin notiert die Antworten der Kinder, wie beispielsweise »wenn Mama mir am Abend eine Geschichte vorliest«, »wenn Mama mich tröstet«, »wenn Mami mit mir Witze macht«. Anschließend werden die Aussagen der Kinder auf vorbereitete »Sprechblasen« übertragen und diese um eine von den Kindern gestaltete »Mutter« angeordnet.

Im Rahmen einer Ausstellung zum Muttertag ist Ihnen bei dieser Aktion das Interesse der Besucher sicher!

Das braucht man dazu

Einen großen Bogen Papier, »Sprechblasen« geschnitten aus weißem Papier (DIN A4), dunklen Farbstift, Wachsmalstifte, Papier- und Stoffreste, Wolle, Knöpfe, Klebstoff, Schere, Filzstifte.

So wird's gemacht

Ein Erwachsener legt sich auf das Papier. Mit einem Stift werden die Umrisse des Körpers nachgezogen. Der Körper wird nun einer Mutter- oder auch Vaterfigur zugeordnet. Die Kinder gestalten mit den bereitgestellten Materialien nach ihren Vorstellungen die Figur. Anschließend wird der Körperumriss ausgeschnitten und an der Wand befestigt. Die von den Kindern oder der Erzieherin beschriebenen Sprechblasen finden ihren Platz rund um die Figur. Natürlich sollte auch das Thema der Befragung nicht fehlen.

Muttertagsgrüße international

Kinder unterschiedlicher Nationen besuchen unsere Kindertagesstätten oder Schulklassen. Überraschen Sie die Eltern zum Muttertag mit folgender Aktion: Im Eingangsbereich der Kita oder Schule ziert ein großes Strahlenherz die Wand. Das Besondere daran ist, dass sich die Herzform aus den Handabdrücken der Kinder ergibt und darauf Muttertagsgrüße in vielen Sprachen zu lesen sind.

Das wird gebraucht

Rosa Fingerfarbe, flacher Teller, weißes Papier, Plakatkarton in beliebiger Farbe, Schere, Filzstifte, Wasser und Handtücher zum Reinigen der Hände.

So wird's gemacht

Jedes Kind taucht seine Hand in die Farbe und macht einen Abdruck auf weißes Papier. Ist die Farbe getrocknet, wird der Handabdruck ausgeschnitten. Alle »Hände« werden in der Form eines Herzens auf den Plakatkarton geklebt. In jeder einzelnen Hand oder um diese herum ist ein Gruß an die Mama in der Muttersprache des Kindes zu lesen. Schulkinder schreiben gerne selbst und ihre Kinderschrift verleiht dem Strahlenherz einen eigenen Reiz. Bei Kindergartenkindern übernimmt das Schreiben ein Erwachsener.

- deutsch: »Liebe Mutti, ich liebe dich!«, »Alles Gute zum Muttertag!«
- italienisch: »Mamma, ti voglio bene!« (Mama, ich mag dich!), »Auguri per il giorno della Mamma!« (Grüße zum Muttertag!)
- spanisch: »Querida Madre, yo te amo!« (Liebe Mutter, ich liebe dich!), »Muchas felicidades por el dia de la madre!« (Gratulation zum Muttertag)
- englisch: »For the best mother in the world!« (Für die beste Mutter der Welt!), »Congratulation for mother's day« (Gratulation zum Muttertag)
- türkisch: »Anne seni seviyorum!« (Mutter, ich liebe dich!), »Anneler günün kutlu olsun!« (Gratulation zum Muttertag!)
- französisch: »Maman, je t' aime!« (Mama, ich liebe dich), »Bonne fète des mères!« (Ein schönes Muttertagsfest!)
- kroatisch: »Volim te, mama!« (Ich hab dich lieb, Mama), »Danas je tvoj dan, draga majko!« (Heute ist dein Tag, liebe Mutter)

Spielespaß für Jung und Alt

Diesmal laden die Kinder ihre Eltern oder auch Großeltern zum gemeinsamen Spiel in die Kindertagesstätte ein. Der Spaß dabei ist garantiert, da sowohl die Großen als auch die Kleinen Aufgaben gemeinsam bewältigen müssen.

Für das Spielfest brauchen wir so viele Spielstationen wie Spielteams. Ideal sind Teams von ca. drei Kindern und drei Erwachsenen. Jede Spielstation betreut zusätzlich ein Erwachsener. Dieser wacht auch darüber, dass nach einer Zeitspanne von fünfzehn Minuten zur nächsten Station gewechselt wird. Die einzelnen Stationen werden von den Gruppen in unterschiedlicher Reihenfolge aufgesucht, um einen Stau zu vermeiden. Sorgen Sie für eine bunte Mischung der Spiele, damit jeder seinen Spaß hat. An den Stationen geben Plakate das jeweilige Spiel und die Spielregel bekannt.

▶ Spielstation: Architekturwettbewerb

Auf einem Tisch sind unterschiedliche Materialien bereitgestellt: Kleber, Scheren, verschiedene Papprollen, Reste von unterschiedlichen Papiersorten, Kron- und Flaschenkorken, Wolle und Vieles mehr.
Spielaufgabe: Mit den vorhandenen Materialien gemeinsam ein Bauwerk erstellen.

▶ Spielstation: Krabbelsack

Diesmal stellen sich Kinder und Erwachsene gegenseitig Rateaufgaben. In einem Korb liegen verschiedene kleine Gegenstände und Spielmaterialien, die sich im Gruppenraum finden. Während der Erwachsene die Augen schließt, sucht sich das Kind einen Gegenstand aus und gibt ihn in einen kleinen Sack. Nun muss Mama oder Papa diesen mit den Händen erraten. Gelingt dies, ist das Kind an der Reihe zu raten.

▶ Spielstation: Dichterwerkstatt

Aus einer Reihe verdeckt liegender Kärtchen mit Begriffen aus dem Kita-Alltag zieht das Spielteam drei Karten. So zieht ein Team beispielsweise »Bauecke«, »Kasperl«, »Streit«. Nun heißt es aus diesen Begriffen eine Geschichte zu erfinden und auf das bereit liegende Papier zu schreiben. Selbstverständlich unterschreiben alle Autoren. Am Ende des Spielfestes gibt es sicher den verdienten Applaus von der interessierten Zuhörerschaft.

Geschenke-Werkstatt

Ein Gruß von mir

Der Abdruck einer Kinderhand mit aufgemaltem Gesicht wird zur pfiffigen Mutter- oder Vatertagskarte.

Das wird gebraucht

Eine helle und eine dunkle Fingerfarbe, eine Briefkarte in beliebiger Farbe, zwei flache Teller, glänzendes Bonbonpapier oder Seidenpapierreste gleicher Größe, Pinsel, Kleber.

So wird's gemacht

Auf beiden Tellern jeweils eine Fingerfarbe verteilen. Handinnenfläche in die helle Farbe tauchen, Hand auf der Briefkarte so abdrucken, dass die Finger dabei gespreizt sind. Die Finger sind der freche Haarschopf. Farbe trocknen lassen und mit dem Zeigefinger oder Pinsel in der dunkleren Farbe Gesicht auf jeden Abdruck aufmalen. Das Bonbonpapier in der Mitte zusammendrücken und mit einem Tropfen Kleber versehen etwas unterhalb des Gesichts ankleben. Darunter schreibt das Kind oder ein Erwachsener den Namen. Auf die Innenseite der Karte kann noch ein Gedicht geschrieben werden.

Rosenkugel

Das braucht man dazu

Styroporkugel oder -herz, Teppichklebeband (beidseitig klebend), 5 getrocknete Rosen (je nach Größe der Kugel/Herz), Golddraht und Zackenkrausbouillon (das ist ein zackiger Golddraht) – alles ist im Bastelgeschäft erhältlich.

So wird's gemacht

Das Styroporteil wird mit Teppichband beklebt. Hierbei muss die Erzieherin noch behilflich sein, aber die getrockneten Rosenblätter kleben die Kinder mit Leichtigkeit selbst einzeln auf, bis keine Stelle mehr frei ist. Mit Golddraht und Zackenkrausbouillon wird die Kugel oder das Herz mehrmals umwickelt. Evtl. kann man das Herz noch mit Duftöl beträufeln. Dieses Geschenk aus der Floristik wird von Erwachsenen sehr geschätzt!

Kusskarte

Das wird gebraucht

Farbiger Karton, Schreibmaschinenpapier, Herzbackförmchen, Stift, Schere, Lippenstift, Spiegel, Kosmetiktücher, Kleber.

So wird's gemacht

Karton in Grußkarten- oder Doppelkartengröße zuschneiden. Herzchenausstecher als Schablone verwenden und aus dem weißen Papier ein Herz ausschneiden. Dem Kind die Lippen gut anmalen, (es darf sich gleich im Spiegel betrachten) und diese auf das weiße Papierherz drücken. Herzchen mit Kussmund auf die Karte kleben. Auf die Rück- oder Innenseite der Karte das Muttertagsgedicht kleben.
Dieser Kussmund, auch als Zierde einer Geschenkverpackung, löst sicher Entzücken aus.

Herzchenbrief

Das wird gebraucht

Buntpapier (DIN A4), Lackmalstift, farbige Filzstifte, Locher, Schere, 60 bis 65 cm Geschenkband

So wird's gemacht

Bunte Seite des Papiers nach oben legen. Linke untere Spitze nach rechts oben so anlegen, dass aufgefaltet ein Quadrat entsteht, überstehendes Papier abschneiden. Diagonalen falten (beide Bruchkanten liegen auf der weißen Seite). Papier wenden. Kreuz falten (Bruchkanten liegen auf der bunten Seite). Papier an den Kreuzbrüchen zusammenschieben. Öffnung zeigt nach oben. Auf der rechten Seite halbes Herz aufzeichnen, der Linie entlang zusammenfalten und entlang der gestrichelten Linie ausschneiden. Noch zusammengefaltet Loch im oberen Drittel einstanzen. Auf das Herz mit Lackmalstift »Für meine liebe Mami« (Eltern, Papa ...) darauf schreiben. Herzform öffnen. Blümchen, ein Gedicht, einen persönlichen Gruß o.Ä. schreiben oder malen. Herzform wieder schließen. Durch die beiden Löcher das Geschenkband ziehen, zur Schleife binden.

Glückwunschkarte »Herz«

Das wird gebraucht

Lackkarton in roter Farbe 12 x 24 cm, Lackmalstift, Herzschablone aus Karton ca. 12 x 12 cm, Schere, Filzstifte.

So wird's gemacht

Karton in der Mitte falten (12 x 12 cm), Herzschablone so auflegen, dass die linke Seite mit ihrer Wölbung ein wenig über den Bug hinausliegt. Mit Stift Herzform umfahren und diese so ausschneiden, dass ca. 5 cm Bug erhalten bleiben. Mit Lackmalstift das Herz verzieren und »Meiner lieben Mutti« darauf schreiben. Im aufgeklappten Herz findet ein Gedicht, ein Lied oder auch ein Foto des Kindes seinen Platz.

Muttertagsbuch

Ein ganz persönliches Geschenk für die Mama oder auch den Papa, das gerne aufbewahrt wird und später liebe Erinnerungen weckt.

Das wird gebraucht

3 Bögen Tonpapier in hellen Farben (DIN A4), Reste von Kordeln, Bänder, Korken, Fingerfarben.

So wird's gemacht

Herstellen des Buches: Papierbögen (Breitseite) in der Mitte falten. Gefaltete Papierbögen so ineinander legen, dass ein Buch entsteht:
Titel- und Rückseite, sowie acht Innenseiten, die jeweils auf der vorderen und der rückwärtigen Seite gestaltet werden können. Das Buch umfasst insgesamt zwölf Seiten. Das gefaltete Buch lochen und durch die Löcher eine Kordel oder ein Geschenkband ziehen und zur Schleife binden.

▶ Gestaltungsideen für die einzelnen Seiten:
Titelseite: Blüten werden mit Korken und Fingerfarbe aufgedruckt und umrahmt »Für meine(n) liebe(n) Mutti (Papi)!«.
Seite 1: Ein Gruß von mir
Seite 2: Muttertags- oder Vatertagsgedicht

Seite 3: Kopie eines Muttertags- oder Vatertagsliedes
Seite 4: »Mit meinem Mund kann ich dir/euch viele Küsschen geben«. Das Kind bemalt seine Lippen mit Lippenstift und drückt seine Lippen mehrmals auf das Papier.
Seite 5: »Mit meinen Händen kann ich dir/euch ein Bild malen«.
Seite 6: Ein Gutschein für Mama oder Papa, z. B. Staub wischen, Mülleimer wegbringen, Schuhe putzen.
Seite 7: Klatschbild aus Fingerfarben ausschneiden und auf die Seite kleben
Seite 8: »Ich habe meine Mama / meinen Papa am liebsten, wenn ...« (malen oder schreiben)
Seite 9: Gepresste Stiefmütterchen zum Herz arrangiert
Seite 10: »Das ist meine Familie« – gemaltes Bild oder Fotos aller Familienmitglieder
Seite 11: »Das bin ich!« – aktuelles Foto und Datum
Seite 12: zur freien Verfügung
Variation: Dieses Buch kann als Gutscheinheft konzipiert sein. Die Kinder malen Tätigkeiten, wie zum Beispiel: Abspülen, Tischdecken, Schuhe putzen und Ähnliches auf Gutscheine. Zusammengeheftet ergeben sie ein Büchlein, aus dem die Eltern sich bedienen können.

Hand- und Fußcreme

Um Mutters Händen etwas Entspannung und Pflege zu geben, bekommt sie eine wunderbare Handcreme geschenkt. Die Kinder sammeln zu Hause kleine Töpfchen, Tiegel und winzige Marmeladengläser, oder die Kita stattet dem Apotheker einen Besuch ab, der gut verschließbare Salbentöpfchen in verschiedenen Größen im Angebot hat.

Zutaten für 7 Tiegel von je 30 ml

Aus dem Reformhaus oder der Drogerie: 45 ml (3 El) Bienenwachs, 45 ml (3 El) Kakaobutter (Sheabutter), 75 ml (5 El) Ringelblumenöl, 20 Tropfen ätherisches Melissenöl
Aus der Apotheke: 7 g Borax, 15 ml (3 Tl) Glycerin, 45 ml (3 El) Lanolin
Für den Holunderaufguss: 8 Dolden Holunderblüten (ersatzweise getrockneter Holunder aus dem Reformhaus oder Drogeriemarkt), 1/2 l Wasser.
Geräte und Materialien: Hitzebeständiger Glas- oder Porzellanbecher für das Wasserbad, Topf, Holzspatel, Tiegel, Sieb, Tasse.

So wird's gemacht

Für das folgende Rezept muss zuvor ein Holunderaufguss zubereitet werden. 1/2 l Wasser aufkochen, Holunderblüten hineingeben und zugedeckt den Aufguss eine Stunde ziehen lassen. Dolden entfernen und Flüssigkeit abseihen. 6 El vom Aufguss in eine Tasse geben.
Heißes Wasserbad herrichten und im Glasgefäß Bienenwachs schmelzen. Lanolin und Kakaobutter mit Holzspatel unterrühren. Glasgefäß aus dem Wasserbad nehmen und Flasche mit Ringelblumenöl kurz darin anwärmen. Öl mit dem Glycerin zur Mischung von geschmolzenem Lanolin, Bienenwachs und Kakaobutter geben. In der Tasse mit den 6 El Holunderaufguss Boraxpulver auflösen und beides zur Mischung geben. Mit Spatel umrühren, bis Masse cremig wird, was beim Abkühlen der Emulsion eintritt. 20 Tropfen Melissenöl unterrühren und die Creme in die Tiegel füllen.

Tipp: 30-ml-Tiegel sind in Apotheken erhältlich. Sie können sich jedoch auch rechtzeitig eine Sammlung von leeren Cremedosen und Tiegeln zulegen. Vorhandene Beschriftungen werden übermalt oder mit Etiketten überklebt, die den aktuellen Doseninhalt angeben. Dekorativ ist ein mit Glitzersteinen und Perlen beklebter Deckel, der dem Geschenk einen Hauch von Exklusivität verleiht.

Badesalz

Das wird gebraucht

Bittersalz, Speisefarbe, Duftöl, kleine Gläser mit Schraubdeckel.

So wird's gemacht

Bittersalz mit der Speisefarbe färben und alles mit ein paar Tropfen Duftöl vermischen. Das Salz in ein Schraubglas füllen, gut schütteln und verschließen. Dann mit Etikett versehen und hübsch verpacken.

Lavendelseife

Das wird gebraucht

10 Tl getrocknete Lavendelblüten, 1 Stück unparfümierte Seife (oder Seifenflocken), Hobel, Sieb. Zum Verpacken: Packpapier, Paketschnur, Lavendelblüten, Klebestift.

So wird's gemacht

Blüten mit 60 ml kochendem Wasser übergießen, 30 Minuten ziehen lassen und durch ein Sieb gießen. Die gehobelte Seife oder die Flocken in den warmen Sud rühren. Diese Mischung zu Kugeln oder Stücken formen und ca. 2 Tage trocknen lassen. Paketpapier zurecht schneiden, Seife einpacken und verschnüren. Mit dem Klebestift auf das Papier Streifen ziehen und darauf einige Lavendelblüten streuen.

Badesäckchen

Diese Säckchen, gefüllt mit wohltuenden Kräutern, hängt man unter den Badewannenhahn. Fließt das einlaufende Wasser darüber, nimmt es den Kräutersud mit in die Wanne und verbreitet einen angenehmen Duft.

Das wird gebraucht

Kräuter: Erdbeerblätter, Kamillenblüten, Lavendel, Minze, Petersilie, Rosmarin, Salbei, Thymian, Zitronenmelisse. 1 El Kleie oder Hafermehl (evtl. Wasserenthärter beigeben), Musselinstoff, Schleifenband, Schere.

So wird's gemacht

Aus dem Stoff einen Kreis in 18 cm Durchmesser ausschneiden, eine handvoll gemischter Kräuter in die Mitte legen. 1 El Kleie hinzufügen. Den Stoff zusammenraffen und mit dem Schleifenband zusammenbinden. Zur Aufhängung eine Schlaufe anbinden.

Lippenpomade

Das wird gebraucht

Leere, saubere Cremedöschen, ein bohnengroßes Stück Bienenwachs, 10 g Lanolinanhydrit, 20 g Rizinusöl, 2 knappe El Babyöl.

So wird's gemacht

Alle Zutaten im Plastiktopf in kochendem Wasserbad schmelzen. Mit Plastiklöffel oder Holzspachtel umrühren. Diese Mischung wird gelb. Wird rote Lippenpomade gewünscht, gibt man einen Lippenstiftrest dazu. Die Masse wird in kleine Cremedöschen gefüllt.

Back- und Kochstudio

Schaumkusstorte

Eine himmlische Verführung und eine tolle Überraschung für die Mutter, wenn Papa mit den Kindern eine Torte »bäckt«. Ältere Kinder schaffen das bei diesem Rezept auch schon alleine, denn es kann dabei nichts »anbrennen«.

Das wird gebraucht

500 g Sahnequark, 1 Karton Schaumküsse, 1 fertiger Tortenboden.

So wird's gemacht:

Einen Schaumkuss zur Seite stellen, von allen anderen vorsichtig die Waffeln abnehmen. Sahnequark mit dem Schaumkuss-Schaum verrühren. Die Creme auf den Tortenboden streichen und mit den Waffeln verzieren, in die Mitte, obendrauf kommt der beiseite gestellte Schaumkuss.

Jahrmarktherzen

Zutaten (für 3 bis 4 Herzen)

400 g Mehl, 1/2 Tl Salz, 180 g Butter, 200 g Zucker, ein Ei, 5 gestrichene El Kakao
Verzierung: Gebäckschmuck, selbsthergestellter Zuckerguss mit Lebensmittelfarbe oder »Zuckerschrift«
Geräte und Material: Schüssel, elektrisches Handrührgerät, Teigroller, spitzes Messer, Backblech, Gefäß für Zuckerguss, Spritztüte, Teelöffel, Esslöffel, Waage, Herzschablone (15 bis 20 cm groß), Band, Klarsichtfolie.

Zubereitung

Zucker mit Butter schaumig rühren. Das Ei dazugeben. Mehl, Kakao, Salz unterrühren und mit bemehlten Händen den Teig durchkneten. Teig ca. 1 Stunde in den Kühlschrank stellen. Backblech fetten und Teig darauf ausrollen. Schablone auflegen und Herz ausschneiden.
Teigreste vorsichtig entfernen. Fü das Band zwei Löcher ausstechen (1 cm Durchmesser). Im vorgeheizten Herd bei 180 Grad ca. 15 Minuten backen. Auskühlen lassen. Das Herz mit Zuckerschrift, evtl. auch mit Gebäckschmuck verzieren. Band zum Umhängen durch beide Löcher ziehen, wenn die Glasur trocken ist. Auf Wunsch in Klarsichtfolie verpacken.

Tipp: Aus den Teigresten kleine Herzen ausstechen. Die Herzen können auch aus Honigteig hergestellt werden.

Blitz-Biskuit für Erdbeertorte

Dieses Rezept hat seinen Namen wohl verdient. Alle Zutaten werden schnell nacheinander verrührt. Anders als bei den üblichen Biskuit-Teigen, braucht hier kein Eischnee geschlagen zu werden!

Das wird gebraucht

3 Eier, 3 El warmes Wasser, 3 gehäufte El Zucker, 1 Pck. Vanillezucker, 3 gehäufte El Mehl, 1 Päckchen Vanillepudding, 1 gehäufter El Mondamin, 1 Tl Backpulver, zur Verzierung geröstete Kokosflocken oder Mandelblättchen.

So wird's gemacht

Eier und warmes Wasser in eine Schüssel geben und 4 Minuten verquirlen. In der 4. Minute Zucker und Vanillezucker einrieseln lassen und 4 Minuten quirlen. Mehl, Mondamin, Backpulver und Puddingpulver vermischen und die erste Hälfte bei Stufe 1 unterrühren die zweite Hälfte bei Stufe 2. Teig in eine gefettete und mit Mehl bestäubte Herzform füllen und bei 180 Grad (Heißluft) ca. 20 bis 25 Minuten backen. Vorsichtig aus der Form lösen und auf einem Kuchengitter auskühlen lassen. Inzwischen Erdbeeren waschen und halbieren. Die Kokosflocken oder Mandeln in einer Pfanne (ohne Fett) unter ständigem Rühren rösten.
Den Biskuitboden mit den Erdbeeren belegen. Anstelle eines Tortengusses den Rand mit den gerösteten und erkalteten Kokosflocken oder Mandeln bestreuen.

Blumentopfkuchen

Dieses Geschenk begeistert nicht nur Kuchenliebhaber, es ist zudem auch dekorativ. In den fertig gebackenen Topfkuchen werden selbst gebastelte Papierblumen gesteckt.

Zutaten für 6 Blumentöpfe von je 8 cm Durchmesser

500 g Mehl, ein Beutel Trockenhefe, 1/8 l Milch, 100 g Zucker, 1 Päckchen Vanillezucker, eine Prise Salz, 1 Ei, 100 g Butter oder Margarine, Rosinen
Geräte und Material: Alufolie, neue Blumentöpfe aus Ton, Schüssel, Mehlsieb, elektrisches Rührgerät mit Knethaken, sauberes Geschirrtuch, Waage, Messbecher.

Zubereitung

Mehl in Schüssel sieben, Trockenhefe, Zucker, Vanillezucker und Salz untermischen. Lauwarme Milch und zimmerwarme Butter (Margarine) sowie das Ei zugeben. Teig mit Knethaken so lange abschlagen, bis er sich von der Schüssel löst und eine glatte, gleichmäßig Beschaffenheit hat. Mit bemehlten Händen Rosinen unterkneten. Teigschüssel mit einem sauberen Tuch abdecken und an einem warmen Ort gehen lassen, bis er sein Volumen verdoppelt hat. Töpfe mit Alufolie auskleiden und über den Topfrand umschlagen.
Teig aufteilen und in die vorbereiteten Töpfe geben. Diese nur zu 2/3 füllen, da der Teig während des Backens noch aufgeht. Teig nochmals 15 Minuten gehen lassen. Im vorgeheizten Backrohr bei ca. 170 Grad 45 Minuten backen. Kuchen aus dem Topf herausnehmen, abkühlen lassen und Alufolie entfernen. Kuchen in den Topf zurückgeben.

Tipp: Hübsch sieht ein Arrangement von gefalteten Papierblumen oder ein Muttertagsherz aus Mürbeteig im Topf aus.

Herzen als Serviettenring aus Quarkölteig

Diese schnell gebackenen Herzen sind nicht nur lecker, sondern auch als essbare Serviettenringe gedacht.

Das braucht man

150 g Speisequark (Magerstufe), 6 El Milch, 6 El Speiseöl, 75 g Zucker, 1 Päckchen Vanillinzucker, 1 Prise Salz, 300 g Weizenmehl, 1 Päckchen Backpulver.

So geht's

Quark, Milch, Öl, Zucker, Vanillinzucker und Salz in eine Schüssel geben und zu einem glatten Teig verrühren. Mehl und Backpulver hinzugeben und mit Knethaken weiterrühren, bis der Teig fest wird. Teig aus der Schüssel nehmen und mit den Händen weiterkneten, bis ein fester Kloß entsteht.

Teig ca. ein- bis anderthalb Zentimeter dick und ca. 20 cm lang ausrollen und zu einem Herz zusammendrehen. Mit Eigelb bestreichen und ca. 15 Minuten backen. Nach dem Auskühlen eine Serviette zusammenrollen oder in Ziehharmonikaform falten und durch das Herz stecken. Vor dem Dekorieren der Festtafel kann noch eine Blume dazu gesteckt werden.

Erdbeermarmelade

Als Überraschung für das Sonntagsfrühstück zu Hause oder den Brunch in der Kindertagesstätte kochen die Kinder Erdbeermarmelade. Die Erdbeeren haben sie selber auf einem Feld geerntet.

Zutaten

1 kg Erdbeeren, 1 kg Gelierzucker

Geräte und Materialien: Waage, Schüssel, Küchensieb, Brett, Obstmesser, 1 großer Kochtopf, 1 Kochlöffel, Küchenuhr, Saucenkelle, Schraubgläser mit Deckel, leere Etiketten, evtl. gemusterter Stoff mit einer Zickzackschere in kleine Quadrate geschnitten, Geschenkband.

Zubereitung

Erdbeeren verlesen, vorsichtig in einer Schüssel mit viel Wasser waschen und im Küchensieb gut abtropfen lassen, Kelche abzupfen und Beeren klein schneiden. Beeren mit Gelierzucker in den Kochtopf geben und mischen. Dann das Ganze zum Kochen bringen und gelegentlich umrühren. Wenn die Masse sprudelnd kocht, Küchenuhr auf 4 Minuten einstellen, kräftig weiterrühren und dann den Topf vom Herd nehmen. Die noch heiße Marmelade mit der Saucenkelle in die sauberen Gläser füllen und mit Schraubdeckel verschließen. Marmelade abkühlen lassen, Glas mit einem Etikett versehen und beschriften. Wird das Glas verschenkt, ein quadratisches Tuch mit Zickzackschere zugeschnitten über den Deckel legen und mit einem Geschenkband befestigen.

Die Autoren

Cordula Pertler, Erzieherin, Dipl. Soz.-Pädagogin, Dozentin an einer Fachakademie für Sozialpädagogik der Landeshauptstadt München, Fortbildungen für Erzieherinnen.
Eva Reuys, arbeitete als Dozentin an einer Fachakademie für Sozialpädagogik und ist freiberufliche Fachbuchautorin.